O que é história cultural?

Peter Burke

O que é história cultural?

Tradução
Sérgio Goes de Paula

3ª edição revista e ampliada
1ª reimpressão

ZAHAR

Tradução autorizada da terceira edição inglesa publicada em 2018 por Polity Press, de Cambridge, Inglaterra

Grafia atualizada segundo o Acordo Ortográfico da Língua Portuguesa de 1990, que entrou em vigor no Brasil em 2009.

Título original
What Is Cultural History?

Tradução das atualizações
Maria Luiza X. de A. Borges

Capa
Sérgio Campante

Revisão (3ª edição)
Eduardo Monteiro

Dados Internacionais de Catalogação na Publicação (CIP)
(Câmara Brasileira do Livro, SP, Brasil)

Burke, Peter
O que é história cultural? / Peter Burke ; tradução Sérgio Goes de Paula ; [tradução das atualizações Maria Luiza X. de A. Borges]. – 3ª ed. rev. e ampl. – Rio de Janeiro: Zahar, 2021.

Título original: What Is Cultural History?.
ISBN 978-65-5979-012-8

1. Cultura – História 2. História – Filosofia 3. História – Metodologia. I. Título.

21-63346 CDD: 901

Índice para catálogo sistemático:
1. História : Filosofia 901

Cibele Maria Dias – Bibliotecária – CRB-8/9427

EDITORA SCHWARCZ S.A.
Praça Floriano, 19, sala 3001 – Cinelândia
20031-050 – Rio de Janeiro – RJ
Telefone: (21) 3993-7510
www.companhiadasletras.com.br
www.blogdacompanhia.com.br
facebook.com/editorazahar
instagram.com/editorazahar
twitter.com/editorazahar

Sumário

Introdução

A história cultural, outrora uma Cinderela entre as disciplinas, desprezada por suas irmãs mais bem-sucedidas, foi redescoberta nos anos 1970, como sugere a lista cronológica das publicações ao final deste volume. Desde então vem desfrutando de uma renovação, sobretudo no mundo acadêmico – a história apresentada na televisão, pelo menos na Grã-Bretanha, continua sendo em sua maior parte militar, política e, em menor extensão, social. Para alguém, como eu, que vem praticando a disciplina há cerca de 40 anos, essa renovação de interesse é extremamente gratificante, mas ainda exige uma explicação.

O propósito deste livro é exatamente explicar não apenas a redescoberta, mas também o que é história cultural, ou melhor, o que os historiadores culturais fazem. Para isso, dedica-se às diferenças, aos debates e conflitos, mas também aos interesses e tradições compartilhados. Assim, tenta-se aqui combinar duas abordagens opostas, embora complementares: uma delas interna, preocupada em resolver os sucessivos problemas no interior da disciplina, e outra externa, relacionando o que os historiadores fazem ao tempo em que vivem.

A abordagem interna trata da presente renovação da história cultural como uma reação às tentativas anteriores de estudar o passado que deixavam de fora algo ao mesmo tempo difícil e importante de se compreender. De acordo com esse ponto de vista, o historiador cultural abarca artes do passado que outros historiadores não conseguem alcançar. A ênfase em "culturas" inteiras oferece uma saída para a atual fragmentação da disciplina em especialistas de história de população, diplomacia, mulheres, ideias, negócios, guerra e assim por diante.

A abordagem externa, ou visão de fora, também tem algo a oferecer. Em primeiro lugar, vincula a ascensão da história cultural a uma "virada cultural" mais ampla em termos de ciência política, geografia, economia, psicologia, antropologia, arqueologia e "estudos culturais", tema discutido em mais detalhes no Capítulo 7, "História cultural no século XXI". Houve um deslocamento nessas disciplinas, pelo menos entre uma minoria de acadêmicos, que passaram da suposição de uma racionalidade imutável (a teoria da escolha racional em eleições ou em atos de consumo, por exemplo) para um interesse crescente nos valores defendidos por grupos particulares em locais e períodos específicos.

Um sinal dos tempos era a conversão do cientista político norte-americano Samuel P. Huntington (1927-2008) à ideia de que, no mundo de hoje, as distinções culturais são mais importantes que as políticas e econômicas, de modo que, desde o fim da Guerra Fria, o que vemos não é tanto um conflito internacional de interesses, mas um "choque de civilizações". Outro indicador do clima intelectual é o sucesso internacional dos estudos culturais. Na Rússia da década de 1990, por exemplo, a *Kul'turologija* (como lá se chama) tornou-se disciplina obrigatória nos cursos superiores, particularmente preocupada com a identidade russa e muitas vezes ministrada por ex-professores de marxismo-leninismo, que antes tinham uma interpretação econômica da história e se converteram a uma interpretação cultural.[1]

Essa virada cultural é, ela mesma, parte da história cultural da última geração. Fora do domínio acadêmico, está ligada a uma mudança na percepção manifestada em expressões cada vez mais comuns, como "cultura da pobreza", "cultura do medo", "cultura das armas", "cultura dos adolescentes" ou "cultura corporativa" e também nas chamadas "guerras de culturas" nos Estados Unidos e no debate sobre o "multiculturalismo" em muitos países. Diversas pessoas atualmente falam de "cultura" a respeito de situações cotidianas que há 20 ou 30 anos teriam merecido o substantivo "sociedade".

Como sugere a popularidade de expressões como essas, é cada vez mais difícil dizer o que não faz parte da "cultura". O estudo de história não é exceção a essa tendência geral. O que é história cultural? A pergunta foi feita publicamente há mais de um século, em 1897, por um historiador alemão pioneiro e de certo modo também um dissidente, Karl Lamprecht. Para o bem ou para o mal, a questão ainda espera uma resposta definitiva. Nos últimos tempos, foram apresentadas aos leitores histórias culturais da longevidade, do pênis, do arame farpado, climas, fantasmas e da masturbação. As fronteiras do tema certamente se ampliaram, mas está ficando cada vez mais difícil dizer exatamente o que elas encerram.

Uma solução para o problema da definição de história cultural poderia ser deslocar a atenção dos objetos para os métodos de estudo. Aqui também, no entanto, o que encontramos é variedade e controvérsia. Alguns historiadores culturais trabalham intuitivamente, como Jacob Burckhardt declarou fazer. Poucos tentam usar métodos quantitativos. Alguns descrevem seu trabalho em termos de uma procura de significado, outros focalizam as práticas e as representações. Alguns veem seu objetivo como essencialmente descritivo, ou acreditam que a história cultural, como a história política, pode e deve ser apresentada como uma narrativa.

O terreno comum dos historiadores culturais pode ser descrito como a preocupação com o simbólico e suas interpretações. Símbolos, conscientes ou não, podem ser encontrados em todos os lugares, da arte à vida cotidiana, mas a abordagem do passado em termos de simbolismo é apenas uma entre outras. Uma história cultural das calças, por exemplo, é diferente de uma história econômica sobre o mesmo tema, assim como uma história cultural do Parlamento seria diversa de uma história política da mesma instituição.

Nessa situação confusa (segundo aqueles que a desaprovam) ou de diálogo (para aqueles que a julgam estimulante), o caminho mais sábio pode ser adaptar o epigrama de Jean-Paul Sartre sobre a humanidade e declarar que, embora a história cultural não tenha essência, ela possui uma história própria. As atividades de ler e escrever sobre o passado estão tão presas ao tempo quanto outras. Portanto, este livro fará ocasionalmente comentários sobre a história cultural da história cultural, tratando-a como exemplo de uma tradição da cultura em perpétua transformação, constantemente adaptada a novas circunstâncias.

Para ser um pouco mais preciso, o trabalho individual dos historiadores culturais precisa ser localizado em uma das diferentes tradições culturais, geralmente definidas em termos nacionais. A importância da tradição germânica, do final do século XVIII em diante, ficará evidente nas páginas que se seguem – embora a ausência relativa de uma contribuição alemã de peso para esse tipo de história até o século XXI constitua um problema a ser tratado por um futuro historiador cultural. A tradição holandesa pode ser vista como um produto da alemã, mas continuou a florescer, graças ao exemplo de Johan Huizinga. No mundo de língua inglesa, ocorre, ou ocorria, um contraste significativo entre a tradição da América do Norte de interesse pela história cultural e a tradição inglesa, de resistência a ela. De modo semelhante, por muitos anos os antropólogos britânicos descreveram a si mesmos como "sociais", enquanto seus colegas norte-americanos se denominaram "culturais". No caso da história cultural, foram acima de tudo os norte-americanos – especialmente os descendentes dos imigrantes de língua alemã, de Peter Gay a Carl Schorske – que assumiram a tradição alemã, transformando-a durante esse processo. A ligação entre o interesse americano pela cultura e a tradição da imigração parece ser muito próxima. Se assim for, a história cultural na Inglaterra deverá ter um grande futuro.

A tradição francesa era distinta, entre outras coisas, por evitar o termo "cultura" – pelo menos até o final do século XX – e focar, em vez disso, na *civilização* (como no caso da famosa *Histoire générale de la civilization en Europe depuis da chute de l'empire romain jusqu'à la Révolution Française* [1828], de François Guizot, o homem de letras transformado em político). Historiadores franceses mais tarde acrescentaram os conceitos de *mentalités collectives* e *imaginaire social*. Há três ou quatro gerações os historiadores associados à revista *Annales* vêm fazendo uma série notável de contribuições importantes nesse campo: para a história das mentalidades, sensibilidades ou "representações coletivas", na época de Marc Bloch e Lucien Febvre; para a história da cultura material (*civilisation matérielle*), na época de Fernand Braudel; e para a história das mentalidades (de novo) e da imaginação social, na época de Jacques Le Goff, Emmanuel Le Roy Ladurie e Alain Corbin. A permanente criatividade de uma escola de historiadores durante três ou quatro gerações é tão notável que requer uma explicação histórica. Minha hipótese, se é que ela tem importância, é que os líderes eram suficientemente carismáticos para atrair seguidores talentosos, mas também abertos o bastante para deixá-los se desenvolver a seu modo. Essa tradição distinta estava associada ao que se pode chamar de "resistência" ao estilo alemão de história cultural (embora o entusiasmo de Febvre pelo holandês Johan Huizinga mereça ser mencionado). Tal resistência parece estar sendo rompida no século XXI, à proporção que a tradição historiográfica francesa se torna menos visível. A expressão *histoire culturelle* é agora frequentemente usada na França.

Como na história da cultura em geral, veremos, nas próximas páginas, que movimentos ou tendências muitas vezes chegam a um fim abrupto não por esgotarem seu potencial, mas porque foram suplantados pelos concorrentes. Esses concorrentes, os "filhos", pode-se dizer, normalmente exageram a diferença entre sua própria abordagem e a de seus pais e mães, deixando para a geração seguinte a tarefa de perceber que seus avós intelectuais eram, afinal, capazes de ter alguns *insights*.

Como historiador cultural que há anos vem pondo em prática várias das diferentes abordagens discutidas nas próximas páginas – história social da cultura elevada e da cultura popular, antropologia histórica e história da performance –, gostaria de dizer, como Edith Piaf, "*je ne regrette rien*", e que todas essas abordagens são valiosas. Portanto, este livro não defenderá um tipo de história cultural, rejeitando as demais.

Os capítulos que se seguem irão tratar, em ordem cronológica, de algumas das principais maneiras pelas quais a história cultural costumava ser, é, será, pode ou deve ser escrita no futuro. Ao discutir exemplos concretos, tentei – à medida que meu conhecimento parcial de um campo fragmentado permite – atingir uma espécie de equilíbrio entre diferentes períodos históricos, partes do mundo e departamentos acadêmicos, incluindo os de arte, arquitetura, geografia, literatura, música e ciência, além do departamento de "história".

O preço dessa decisão foi omitir necessariamente boa parcela do estimulante trabalho mais atual, grande parte dele realizada por amigos e colegas meus. No entanto, quero deixar claro desde logo que há aqui um levantamento de tendências ilustradas por meio de exemplos, e não uma tentativa de listar ou discutir todos os melhores trabalhos produzidos pela última geração. Os estudos citados no texto são apresentados com a data da publicação original.* Quando, nas obras citadas em notas, não aparecer o lugar da publicação, este é sempre Londres. As informações sobre termos técnicos e pessoas mencionadas no texto podem ser encontradas no índice.

---

* As obras mencionadas no texto que já se encontram traduzidas para o português tiveram seu título citado de acordo com a tradução, para facilitar a identificação e consulta. Manteve-se no entanto a data da publicação original, tendo em vista a perspectiva cronológica seguida pelo autor. (N.T.)

1. A grande tradição

A HISTÓRIA CULTURAL NÃO É UMA DESCOBERTA ou invenção nova. Já era praticada na Alemanha com esse nome (*Kulturgeschichte*) há mais de 200 anos. Antes disso havia histórias separadas da filosofia, pintura, literatura, química, linguagem e assim por diante. A partir de 1780, encontramos histórias da cultura humana ou de determinadas regiões ou nações.[1]

No século XIX, o termo *Culture*, ou *Kultur*, foi empregado com frequência cada vez maior na Inglaterra e na Alemanha (os franceses preferiam falar em *civilisation*). Assim, o crítico Matthew Arnold publicou *Culture and Anarchy* em 1869, e o antropólogo Edward Tylor, *Primitive Culture* em 1871, enquanto na Alemanha da década de 1870 um amargo conflito entre Igreja e Estado tornou-se conhecido como "a luta pela cultura" (*Kulturkampf*), ou, como dizemos hoje, "guerra cultural".[2]

Em um capítulo breve como este há espaço apenas para esboçar a história da história cultural, tomando algumas das linhas principais e mostrando como elas se entrelaçam. A história pode ser dividida em quatro fases: a fase "clássica"; a da "história social da arte", que começou na década de 1930; a descoberta da história da cultura popular, na década de 1960; e a "nova história cultural", que será discutida em capítulos posteriores. Entretanto, é bom ter em mente que as divisões entre essas fases não eram tão claras, na época, quanto se costuma lembrar após o acontecimento, e irá se mostrar uma série de semelhanças ou continuidades entre novos e velhos estilos quando for apropriado.

História cultural clássica

Retratos de uma época

O período entre 1800 e 1950 foi uma etapa que poderia se chamar de história cultural "clássica". Usando a frase cunhada pelo crítico inglês F.R. Leavis para descrever o romance, podemos falar de uma "grande tradição". Essa tradição incluiu clássicos como *A cultura do Renascimento na Itália*, do historiador suíço Jacob Burckhardt, publicado pela primeira vez em 1860, e *Outono da Idade Média* (1919), do historiador holandês Johan Huizinga, dois livros que continuam valendo a pena ler. Em ambos está implícita a ideia de que o historiador pinta o "retrato de uma época", para citar o subtítulo de um terceiro clássico, *Victorian England* (1936), de G.M. Young.

Esse período também poderia ser chamado de "clássico" no sentido de que foi um tempo em que os historiadores culturais concentravam-se na história dos clássicos, um "cânone" de obras-primas da arte, literatura, filosofia, ciência e assim por diante. Burckhardt e Huizinga tanto eram artistas amadores como amantes da arte, e davam início a seus famosos livros para entender certas obras, colocando-as em seu contexto histórico: as pinturas dos irmãos Van Eyck, no caso de Huizinga, e as de Rafael, no caso de Burckhardt.[3]

A diferença entre esses acadêmicos e os historiadores especializados em arte ou literatura era que os historiadores culturais estavam particularmente preocupados com as conexões entre as diferentes artes. Eles concentravam-se no todo, mais que nas partes, discutindo a relação entre as diferentes artes e o que muitas vezes era chamado, seguindo Hegel e outros filósofos, o "espírito da época" ou *Zeitgeist*.

Dessa forma, alguns historiadores alemães consideravam o que faziam *Geistesgeschichte*, termo que muitas vezes é traduzido por "história do espírito" ou "história da mente", mas que também pode ser expresso por "história da cultura". Seus praticantes "liam" pinturas, poemas etc. específicos, como evidências da cultura e do período em que foram produzidos. Ao fazer isso, ampliavam a ideia de hermenêutica, a arte da interpretação. O termo "hermenêutica" se referia originalmente a interpretações de textos, especialmente da Bíblia, mas no século XIX foi ampliado para incluir a interpretação de artefatos e ações.

Certamente não é por acaso que os maiores historiadores culturais do período, Jacob Burckhardt e Johan Huizinga, embora acadêmicos profissionais, tenham escrito seus livros principalmente para o grande público. Nem é por acaso que a história cultural tenha se desenvolvido no mundo de língua alemã antes da unificação da Alemanha, quando a nação era uma comunidade cultural, mais do que política, ou que a história cultural e a história política tenham sido vistas como alternativas ou mesmo opostas. Na Prússia, a história política era dominante. A história cultural foi descartada pelos seguidores de Leopold von Ranke, considerada amadorística, já que não era baseada em documentos oficiais dos arquivos, e de pouca importância, porque não ajudava na tarefa de construção do Estado.[4] Na Saxônia, por outro lado, Gustav Klemm produziu uma *General Cultural History of Humanity* (1843-52) em dez volumes, enquanto na Baviera Wilhelm Riehl, contemporâneo de Klemm, também escreveu sobre história cultural.

Em seu trabalho acadêmico, Burckhardt variava amplamente, começando na Grécia Antiga, passando pelos primeiros séculos cristãos e pelo Renascimento italiano e chegando ao mundo do pintor flamengo Peter Paul Rubens. Deu relativamente pouca ênfase à história dos acontecimentos, preferindo evocar uma cultura passada e salientar o que chamou de seus elementos "recorrentes, constantes e típicos". Trabalhava intuitivamente, mergulhando na arte e na literatura do período que estava estudando e produzindo generalizações que ilustrava com exemplos, anedotas e citações, apresentados em sua prosa vigorosa.

Em seu livro sobre a Renascença, por exemplo, Burckhardt descreveu o que chamou de individualismo, competitividade, autoconsciência e modernidade na arte, literatura, filosofia e até na política da Itália naquele período. Em *História cultural da Grécia*, publicado postumamente, Burckhardt voltou a esse tema, marcando o lugar da luta (*agon*) na vida da Grécia Antiga, na guerra, na política e na música, assim como nas corridas de carros ou nos Jogos Olímpicos. Enquanto o primeiro livro enfatizava o desenvolvimento do indivíduo, o último salientava a tensão entre, de um lado, o que o autor chama de "individualismo incorrigível" e a paixão pela fama e, de outro, a exigência de que o indivíduo se subordine à cidade.[5]

Huizinga também pesquisou extensamente, da Índia antiga ao Ocidente, da França no século XII à cultura holandesa no século XVII e os Estados Unidos de seus dias. Foi ao mesmo tempo crítico da interpretação de Burckhardt sobre o Renascimento – que, segundo ele, a separava muito radicalmente da Idade Média – e seguidor de seu método. Em um ensaio publicado em 1915, Huizinga discutia uma variedade de ideais de vida, visões da idade de ouro, por exemplo, o culto do cavalheirismo ou o ideal clássico, de tão forte apelo para as elites europeias entre a Renascença e a Revolução Francesa.[6]

Em outro ensaio, publicado em 1929, Huizinga declarava que o principal objetivo do historiador cultural era retratar padrões de cultura, em outras palavras, descrever os pensamentos e sentimentos característicos de uma época e suas expressões ou incorporações nas obras de literatura e arte. O historiador, sugeria ele, descobre esses padrões de cultura estudando "temas", "símbolos", "sentimentos" e "formas". As formas ou as regras culturais eram importantes para Huizinga tanto na vida como no trabalho, e ele achava que a "ausência de um sentido de forma", como ele chamou, impedia-o de gostar da literatura norte-americana.[7]

O livro *Outono da Idade Média* coloca em prática as recomendações que ele fazia em seus ensaios programáticos. Estava preocupado com os ideais de vida, como a fidalguia. Tratava de temas como o sentido do declínio, o lugar do simbolismo na arte e no pensamento do final do período medieval e de sentimentos como o medo da morte. O livro atribui um lugar central às formas ou padrões de comportamento. Segundo Huizinga, "a mente apaixonada e violenta daquele tempo" precisava de uma estrutura de formalidade. Como a piedade, o amor e a guerra eram ritualizados, estetizados e submetidos a regras. Nesse período, "cada acontecimento e cada ação ainda estavam incorporados a formas expressivas e solenes, que os elevavam à dignidade de um ritual".

Pode-se dizer que a abordagem de Huizinga à história cultural era essencialmente morfológica. Estava preocupado com o estilo de toda uma cultura, bem como com o estilo de pinturas e poemas individuais.

Esse programa para a história cultural não era tão abstrato quanto pode parecer quando brevemente resumido. "Que tipo de ideia podemos formar de uma época", escreveu certa vez Huizinga, "se não vemos pessoa alguma nela? Se só pudermos fazer relatos generalizados, vamos apresentar apenas um deserto a que chamamos de história." De fato, *Outono da Idade Média* fervilha de indivíduos, do poeta picaresco François Villon ao místico Heinrich Suso, do pregador popular Olivier Maillard ao cronista da corte Georges Chastellain. A prosa é sensual, atenta a sons, como os dos sinos e dos tambores, e às imagens visuais. O livro é uma obra-prima literária no estilo *fin-de-siècle,* além de um clássico de história.

Da sociologia à história da arte

Algumas das maiores contribuições à história cultural desse período, especialmente na Alemanha, vieram de acadêmicos que não trabalhavam nos departamentos de história. O sociólogo Max Weber publicou uma obra famosa, *A ética protestante e o espírito do capitalismo* (1904), em que analisa as raízes culturais do que chamou de "sistema econômico dominante na Europa Ocidental e na América". O ensaio de Weber poderia igualmente se chamar "Capitalismo e cultura do protestantismo" ou "Protestantismo e cultura do capitalismo". O ponto central do texto era, essencialmente, apresentar uma explicação cultural para a mudança econômica. Weber acentuava o papel do ethos ou sistema de valor protestante, especialmente a ideia de "chamada", na acumulação de capital e na ascensão do comércio e da indústria em grande escala. Em outro estudo, Weber argumentou que o etho do confucionismo, assim como o do catolicismo, era hostil ao capitalismo (ele teria ficado surpreso ao saber da ascensão econômica dos "tigres asiáticos" dos anos 1960 em diante).

Na geração seguinte, outro sociólogo alemão, Norbert Elias, um seguidor de Weber em certos aspectos, escreveu um estudo, *O processo civilizador* (1939), que é essencialmente uma história cultural. Ele também utilizou *Mal-estar na civilização* (1930), de Freud, que argumenta que a cultura exige sacrifícios do indivíduo nas esferas do sexo e da agressividade.

Apoiado na pesquisa de Huizinga sobre "a mente apaixonada e violenta daquele tempo", Elias dirigiu o foco para a história dos modos à mesa, a fim de mostrar o desenvolvimento gradual do autocontrole ou do controle sobre as emoções nas cortes da Europa Ocidental, ligando o que ele chamou de "pressões sociais pelo autocontrole" entre os séculos XV e XVIII à centralização do Estado e à submissão ou domesticação de uma nobreza guerreira.

Elias afirmava escrever sobre a "civilização", e não sobre a cultura, sobre "a superfície da existência humana", e não sobre suas profundezas, sobre a história do garfo e do lenço, e não sobre a história do espírito humano. De qualquer forma, ele deu uma importante contribuição para o estudo do que hoje pode ser descrito como "a cultura do autocontrole".

Uma das figuras mais originais e em última análise mais influentes da história cultural no estilo alemão não seguiu qualquer carreira acadêmica. Aby Warburg era um homem de recursos próprios, filho de banqueiro, que deixou sua herança para o irmão mais novo em troca de uma mesada suficientemente grande para comprar todos os livros de que precisasse – e ele acabou precisando de muitos, já que seus interesses extensos incluíam filosofia, psicologia e antropologia, bem como história cultural do Ocidente, desde a Grécia Antiga até o século XVII. Seu principal objetivo era contribuir para uma "ciência da cultura" geral (*Kulturwissenschaft*), evitando o que chamou de "polícia de fronteira" nos limites entre as disciplinas acadêmicas.

Warburg era um grande admirador de Burckhardt e de suas "certeiras generalizações intuitivas", mas seu próprio trabalho era mais rico e fragmentado. Convencido de que "Deus está no detalhe", preferiu escrever ensaios sobre aspectos particulares do Renascimento italiano, e não sobre o que chamou de "o grande objetivo de uma síntese da história cultural".[8] Warburg estava particularmente interessado na tradição clássica e em suas transformações a longo prazo. Ao estudar essa tradição, dirigiu o foco para os esquemas ou as fórmulas culturais e perceptivas, os gestos que expressam emoções particulares, por exemplo, ou a maneira pela qual poetas e pintores representavam o vento no cabelo de uma moça.

A ideia do esquema mostrou-se muito estimulante para historiadores culturais e outros. Os psicólogos afirmam que é impossível perceber ou lembrar de qualquer coisa sem esquemas. Alguns filósofos concordam. Karl Popper argumentou em *A lógica da descoberta científica* (1934) que é impossível observar a natureza adequadamente sem uma hipótese para testar, um princípio de seleção que permita que o observador veja um padrão, e não uma barafunda. De maneira semelhante, Hans-Georg Gadamer afirmava em seu estudo clássico *Verdade e método* que a interpretação de textos dependia do que ele chamava de *Vorurteil*, em outras palavras, "preconceito", ou, mais precisamente, "prejulgamento".

Os estudiosos da literatura caminharam em direção semelhante. Em *Literatura europeia e Idade Média latina* (1948), livro dedicado à memória de Warburg, Ernst-Robert Curtius demonstrou a importância duradoura de *topoi* retóricos ou lugares-comuns tais como paisagem ideal, o mundo de cabeça para baixo ou a metáfora do "livro da natureza". O estudo de William Tindall sobre John Bunyan (discutido no Capítulo 5) é outro exemplo de um estudo de textos que se concentra em esquemas.

Mas certamente foi na obra de Ernst Gombrich que a ideia de esquema cultural de forma mais completa se desenvolveu. Gombrich, que escreveu a biografia intelectual de Warburg, também lançou mão da psicologia experimental e da filosofia de Popper. Em *Arte e ilusão* (1960), o tema central era a relação entre o que ele chamava, alternativamente, de "verdade e estereótipo", "fórmula e experiência", ou "esquema e correção". Dessa forma, ele descreveu a ascensão do naturalismo na antiga arte grega como a "acumulação gradual de correções graças à observação da realidade".

As inovações culturais são muitas vezes obra de pequenos grupos, mais que de indivíduos. A importância de Aby Warburg não decorre apenas de seus ensaios, por mais brilhantes que sejam, mas também de sua posição central em um grupo de estudiosos que costumavam se encontrar em sua biblioteca, em Hamburgo, núcleo do que depois veio a ser o Instituto Warburg. Entre esses estudiosos, unidos por meio do interesse pela história dos símbolos e pela tradição clássica, estavam o filósofo Ernst Cassirer, autor de *Filosofia das formas simbólicas* (1923-29), e os historiadores da arte Fritz Saxl, Edgar Wind e Erwin Panofsky.

Panofsky, por exemplo, escreveu um ensaio clássico sobre a interpretação de imagens, uma hermenêutica visual que distinguia "iconografia" (a interpretação do tema da *Última ceia*, por exemplo) de "iconologia", mais ampla, que desvela a visão de mundo de uma cultura ou grupo social "condensada em uma obra".[9] Outro exemplo famoso da abordagem iconológica, escrito mais tarde na carreira de Panofsky, foi sua provocadora conferência "Arquitetura gótica e escolástica" (1951). Essa conferência é exemplar em seu foco explícito e consciente sobre as possíveis conexões entre diferentes domínios culturais.

Panofsky partia da observação de que a arquitetura gótica e a filosofia escolástica associada a Tomás de Aquino haviam surgido ao mesmo tempo, nos séculos XII e XIII, e no mesmo lugar, em Paris ou seus arredores. Os dois movimentos se desenvolveram em paralelo. No entanto, o objetivo da conferência não era simplesmente traçar uma comparação entre arquitetura e filosofia. Panofsky também defendia a existência de uma conexão entre os dois movimentos.

Ele discutia essa conexão não em termos de "espírito da época", porém, mais precisamente, em termos da difusão, da filosofia para a arquitetura, do que ele chama de "hábito mental", ou *habitus*, um conjunto de suposições sobre a necessidade de organização transparente e de reconciliação das contradições. Sabedor de que poderia ser acusado – e foi, na verdade – de mero especulador, Panofsky se agarrou a um "fragmento de prova", uma observação registrada em um álbum de desenhos sobre dois arquitetos que mantiveram uma "disputa", mostrando assim "que pelo menos alguns dos arquitetos franceses do século XIII pensavam e agiam em termos estritamente escolásticos".

A grande diáspora

Na época em que sua conferência sobre a arquitetura gótica e escolástica foi apresentada, Panofsky morava nos Estados Unidos havia alguns anos. Quando Hitler chegou ao poder, em 1933, Aby Warburg havia morrido, mas os outros estudiosos associados a seu Instituto se refugiaram no exterior. O próprio Instituto, sob ameaça, porque seu fundador era judeu, foi transferido – ou, pode-se dizer, "traduzido" – para Londres, junto com Saxl e Wind, enquanto Cassirer, como Panofsky – e Ernst Kantorowicz, outro estudioso preocupado com a história dos símbolos –, foi parar nos Estados Unidos. Para os dois países hospedeiros, para a história cultural em geral e a história da arte em particular, essa mudança teve consequências muito importantes. O episódio é uma parcela essencial da história da grande diáspora da década de 1930 de residentes da Europa Central, a maior parte deles judeus, incluindo cientistas, escritores, músicos e também acadêmicos.[10] Além disso, também ilustra um dos temas favoritos de Warburg, o da transmissão e transformação das tradições culturais.

Nos Estados Unidos do começo do século XX, a palavra-chave era "civilização", mais que "cultura", como no livro de Charles e Mary Beard, *The Rise of American Civilization* (1927). Nessa época começaram os cursos sobre "civilização", graças ao movimento conhecido como "nova história", em que os Beard e outros historiadores radicais estavam envolvidos. No Columbia College, por exemplo, na década de 1920, havia um curso obrigatório para alunos do primeiro ano sobre civilização contemporânea. Em meados do século, muitas universidades norte-americanas exigiam cursos em "civilização ocidental", mais ou menos uma história breve do mundo ocidental, dos gregos antigos até o presente, "de Platão à Otan".[11]

No plano da pesquisa, por outro lado, uma tradição norte-americana mais forte, ou pelo menos mais visível que a da história cultural, era a "história das ideias", exemplificada pelo livro de Perry Miller, *The New England Mind* (1939), e pelo círculo de Arthur Lovejoy na Universidade Johns Hopkins, centrado no *Journal of the*

History of Ideas, fundado em 1940 como um projeto interdisciplinar para vincular filosofia, literatura e história.

Na Grã-Bretanha da década de 1930 estava se escrevendo uma história intelectual e cultural geralmente fora dos departamentos de história. Entre as contribuições mais importantes dadas a essa tradição está o livro de Basil Willey, *The Seventeenth-Century Background* (1934), "estudos sobre o pensamento da época", escrito por um professor de inglês e apresentado como "panorama" para a literatura; o de E.M.W. Tillyard, *The Elizabethan World Picture* (1943), outra contribuição da Faculdade de Inglês de Cambridge; e o livro de G.M. Young, *Victorian England* (1936), obra de um amador encarregado de pintar "o retrato de uma era".

As principais exceções à ênfase sobre as ideias foram o livro de Christopher Dawson, *The Making of Europe* (1932), escrito num período em que o autor era "conferencista em história da cultura" na Universidade de Exeter; os muitos volumes de *Estudos de história* (1934-61), de Arnold Toynbee, focalizando 21 "civilizações" independentes e escritos pelo diretor do Royal Institute of International Affairs; e o estudo monumental do bioquímico Joseph Needham, *Science and Civilization in China*, planejado na década de 1930, embora o primeiro volume só viesse a aparecer em 1954. Vale a pena observar que uma das raras contribuições explícitas à história cultural publicada na Grã-Bretanha em meados do século XX foi escrita por um cientista.

À semelhança dos Estados Unidos, a grande diáspora foi importante para a ascensão da história cultural na Grã-Bretanha, como foi o caso da história da arte, da sociologia e de certos estilos de filosofia. Como exemplo dos efeitos do encontro, pode-se citar o caso de Frances Yates, uma grande estudiosa inglesa e originalmente especialista em Shakespeare. Um encontro de jantar no final da década de 1930 teve como consequência sua entrada no círculo Warburg, num momento em que, como disse ela mais tarde, "estudiosos instigantes e uma biblioteca inspiradora haviam acabado de chegar da Alemanha". Yates foi "iniciada na técnica warburguiana de usar aspectos visuais como evidências históricas". Seu interesse por estudos ocultos – neoplatonismo, mágica, cabala – foi outro resultado do encontro.[12]

A diáspora também incluiu um grupo de marxistas preocupados com a relação entre cultura e sociedade.

Cultura e sociedade

Nos Estados Unidos, como na Grã-Bretanha, mesmo antes da grande diáspora já era evidente um certo interesse pela relação entre cultura e sociedade. Exemplo pioneiro de uma história social da cultura são os Beard, casal que ocupa um importante lugar na história do radicalismo norte-americano. Quando era aluno de Oxford, Charles Beard ajudou a fundar o Ruskin Hall, para dar à classe operária acesso à educação superior (muito apropriadamente essa instituição, que na época era conhecida como Ruskin College, foi o berço do movimento "History Workshop"). De volta aos Estados Unidos, Beard se tornou conhecido por seu controverso estudo *An Economic Interpretation of the Constitution of the United States* (1913).

Juntamente com a esposa Mary Ritter Beard, importante sufragista e defensora dos estudos sobre as mulheres, Charles Beard escreveu *The Rise of American Civilization* (1927), que apresentava uma interpretação econômica e social para as mudanças culturais. O capítulo final sobre "a Era da Máquina", por exemplo, discutia o papel do automóvel na difusão dos valores urbanos e dos "estímulos mentais estereotipados", o patronato das artes por milionários, a ênfase prática e popular da ciência norte-americana e a ascensão do jazz.

O fato é que a chegada de um grupo de acadêmicos emigrados da Europa Central fez com que os estudiosos britânicos e norte-americanos tomassem uma consciência mais aguda da relação entre cultura e sociedade. No caso britânico, um papel crucial foi desempenhado por três húngaros: o sociólogo Karl Mannheim, seu amigo Arnold Hauser e o historiador da arte Frederick Antal.[13] Os três haviam sido membros de um grupo de discussão, ou "círculo dominical", que tinha como centro o crítico Georg Lukács e que se encontrava durante a Primeira Guerra Mundial. Todos migraram para a Inglaterra na década de 1930. Mannheim passou de uma cátedra em Frankfurt para uma posição de conferencista na London School of Economics; Antal, de uma cátedra na Europa Central para a função de conferencista no Courtauld Institute; e Hauser tornou-se um escritor sem emprego fixo.

Mannheim, mais um admirador de Marx que marxista em sentido estrito, tinha particular interesse na sociologia do conhecimento, que ele abordava de uma forma histórica, estudando por exemplo a mentalidade dos conservadores alemães. Quando morou na Alemanha, teve alguma influência intelectual sobre duas figuras já mencionadas neste capítulo, Norbert Elias e Erwin Panofsky, embora este último mais tarde tenha abandonado a abordagem social.

Em seus livros e artigos, Antal tratava a cultura como expressão ou mesmo como "reflexo" da sociedade. Ele encarava a arte da Florença renascentista como reflexo da visão de mundo da burguesia, e achava William Hogarth interessante porque "sua arte revela ... as visões e os gostos de uma ampla parcela da sociedade".[14] Entre os discípulos britânicos de Antal estão Francis Klingender, autor de *Art and the Industrial Revolution* (1947), Anthony Blunt, famoso como historiador da arte muito antes de se tornar um notório espião, e John Berger, que também abordou a arte a partir de uma perspectiva social.

Já Arnold Hauser, um marxista mais convencional, foi muito importante na divulgação da abordagem do grupo ao escrever *História social da arte* (1951), vinculando estreitamente a cultura aos conflitos e mudanças sociais e econômicos, e discutindo, por exemplo, "as lutas de classe na Itália ao final da Idade Média", "o Romantismo como movimento da classe média", e a relação entre a "era do cinema" e a "crise do capitalismo".

Klingender, Blunt e Berger não devem ser vistos como simples influências de Antal, mas sim como "assimilação" ou encontros culturais. Por um lado, havia o problema da resistência cultural, que levou Mannheim a se queixar da dificuldade de transplantar ou "traduzir" a sociologia para a Grã-Bretanha. Por outro, alguns círculos intelectuais já estavam preparados para receber suas ideias. Um pequeno grupo de intelectuais marxistas britânicos foi muito ativo nas décadas de 1930 e 1940, tanto dentro como fora da academia. Roy Pascal, professor de alemão em Birmingham de 1939 a 1969, escreveu sobre a história social da literatura. *Aeschylus and Athens* (1941), famoso estudo sobre drama e sociedade escrito pelo classicista George Thomson, foi claramente inspirado em Marx. Joseph Needham usou uma estrutura marxista para seu *Science and Civilization in China*.

F.R. Leavis, autor de *The Great Tradition* (1948), também estava profundamente interessado na relação entre a cultura e seu ambiente. Sua ênfase na ideia de que a literatura dependia de "uma cultura social e de uma arte do viver" deve menos a Marx que à nostalgia pelas "comunidades orgânicas" tradicionais. No entanto, não é difícil combinar uma abordagem "leavisita" com a marxista, como fez Raymond Williams em *The Long Revolution* (1961), livro que discutia a história social do teatro e em que, além disso, foi cunhada a famosa expressão "estruturas de sentimento".

A descoberta do povo

A ideia de "cultura popular" ou *Volkskultur* se originou no mesmo lugar e momento que a de "história cultural": na Alemanha do final do século XVIII. Canções e contos populares, danças, rituais, artes e ofícios foram descobertos pelos intelectuais de classe média nessa época.[15] No entanto, a história da cultura popular foi deixada aos amantes de antiguidades, folcloristas e antropólogos. Só na década de 1960 um grupo de historiadores, sobretudo, mas não exclusivamente anglófonos, passou a estudá-la.

Um dos primeiros exemplos, publicado em 1959, foi *História social do jazz*, escrito por "Francis Newton", um dos pseudônimos de Eric Hobsbawm. Como seria de esperar de um famoso historiador econômico e social, o autor discutia não apenas a música, mas também seu público, abordando o jazz como negócio e forma de protesto político e social. Ele concluía que o jazz exemplificava a situação "em que uma música popular não submerge, mas se mantém no ambiente da moderna civilização urbana e industrial". Repleto de observações perspicazes sobre a história da cultura popular, esse livro jamais causou, no mundo acadêmico, o impacto que merecia.

O mais influente dos estudos feitos na década de 1960 foi *A formação da classe operária inglesa* (1963), de Edward Thompson. Nesse livro, Thompson não se limita a analisar o papel desempenhado pelas mudanças econômicas e políticas na formação de classe, mas examina o lugar da cultura popular nesse processo. Seu livro inclui descrições vigorosas dos rituais de iniciação de artesãos, do lugar das feiras na "vida cultural dos pobres", do simbolismo dos alimentos e da iconografia das agitações sociais, indo de bandeiras e pedaços de pão presos a um pau até o enforcamento de efígies de pessoas odiadas. Foram analisadas poesias em dialeto, para chegar ao que Thompson descreveu – na expressão de Raymond Williams – como "a estrutura de sentimento da classe trabalhadora". A religião metodista recebia grande atenção, do estilo de pregação laica às imagens dos hinos, com ênfase especial no deslocamento de "energias emocionais e espirituais" que eram "confiscadas a serviço da Igreja".

A influência de Thompson sobre historiadores mais jovens foi muito grande. Ela é óbvia no movimento "History Workshop", fundado na década de 1960 sob a liderança de Raphael Samuel, que dava aulas no Ruskin College em Oxford (um centro para alunos mais velhos, da classe trabalhadora). Ele organizou muitas conferências, que preferia chamar de *workshops*, fundou uma revista, *History Workshop*, e, com seus inúmeros artigos e seminários, inspirou muitas pessoas a escrever história (inclusive história cultural) "a partir de baixo". O carismático Thompson também inspirou historiadores da cultura popular, desde a Alemanha até a Índia (ver Capítulo 6).

Foi nesse momento que as contribuições de historiadores franceses, associados à inovadora publicação *Annales*, passaram a convergir com as de seus colegas de outros países. O medievalista Jacques Le Goff, por exemplo, e Jean-Claude Schmitt – bem como Robert Mandrou, que estudou a França dos séculos XVII e XVIII – deram importantes subsídios para a história da cultura popular.

Por que uma preocupação com a história da cultura popular surgiu nesse momento? Existem, como sempre, duas explicações principais, a "interna" e a "externa". Os que estão dentro se veem reagindo às deficiências de abordagens anteriores, especialmente à história cultural em que as pessoas comuns são deixadas de fora, e à história política e econômica em que a cultura é deixada de fora. Eles também tendem a se ver, e à sua rede, como os únicos inovadores, e raramente percebem as tendências paralelas em outras partes da disciplina, quanto mais em outras disciplinas ou no mundo exterior à academia.

Os de fora tendem a ver um quadro mais amplo, ao observar que na Grã-Bretanha, por exemplo, a ascensão da história da cultura popular na década de 1960 coincidiu com a ascensão dos "estudos culturais", seguindo o modelo do Centro de Estudos Culturais Contemporâneos, na Universidade de Birmingham, dirigido por Stuart Hall. O sucesso internacional do movimento pró-estudos culturais sugere que ele atendeu a uma demanda, correspondeu a uma crítica à ênfase sobre a alta cultura tradicional dada pelas escolas e universidades, e também satisfez a necessidade de entender o cambiante mundo de mercadorias, publicidade e televisão.

Como a grande tradição e a abordagem marxista, a história da cultura popular colocou problemas que foram ficando cada vez mais aparentes ao longo dos anos. Tais problemas serão discutidos no próximo capítulo.

2. Problemas da história cultural

Como acontece em tantas atividades humanas, todas as soluções para o problema de escrever história cultural mais cedo ou mais tarde geram questões próprias. Se deixarmos de ler Burckhardt, vamos sair perdendo. Mas seria um erro imitar muito de perto a sua obra, e não apenas porque seu caminho é difícil de seguir e exige um grau de sensibilidade que falta à maior parte de nós. Vistos à distância de mais de um século, seus livros, como também os de Huizinga e outros clássicos, mostram de modo muito claro suas fraquezas. As fontes, os métodos e as suposições desses estudos precisam ser questionados.

Os clássicos revisitados

Tomemos, por exemplo, a maneira pela qual as evidências são tratadas nos clássicos da história cultural. Em *Outono da Idade Média*, em particular, Huizinga lançou mão repetidas vezes de poucas fontes literárias. Se recorresse a outros escritores, poderia ter produzido um quadro da época muito diferente. A tentação a que o historiador cultural não deve sucumbir é a de tratar os textos e as imagens de um certo período como espelhos, reflexos não problemáticos de seu tempo.

Em seu livro sobre a Grécia, Burckhardt defendia a confiabilidade relativa das conclusões de historiadores culturais. A história política da Grécia Antiga, dizia ele, estava cheia de incertezas, porque os gregos exageravam ou até mesmo mentiam. "Em contraste, a história cultural tem um grau primário de certeza, já que consiste, em sua grande parte, em materiais gerados de modo não intencional, desinteressado ou mesmo involuntário pelas fontes e monumentos."[1]

No que se refere à confiabilidade relativa, Burckhardt sem dúvida tem uma certa razão. Seu argumento em favor do testemunho "involuntário" também é convincente: testemunhas do passado podem nos dizer coisas que não sabiam que sabiam. De qualquer forma, não seria correto supor que, digamos, os romances e as pinturas sejam sempre desinteressados, livres de paixão ou de propaganda. Como seus colegas de história política ou econômica, os historiadores culturais têm de praticar a crítica das fontes, perguntar por que um dado texto ou imagem veio a existir, e se, por exemplo, seu propósito era convencer o público a realizar alguma ação.

No que se refere ao método, Burckhardt e Huizinga foram muitas vezes criticados, chamados de impressionistas ou mesmo anedóticos. Sabe-se muito bem que observamos ou lembramos aquilo que nos interessa pessoalmente ou que se encaixa no que já acreditamos, mas nem sempre os historiadores refletiram sobre a moral dessa observação. "Trinta anos atrás", confessou certa vez o historiador econômico John Clapham, "li e sublinhei *Travels in France*, de Arthur Young, e dei aulas a partir das passagens sublinhadas. Há cinco anos li o livro de novo e descobri que eu havia marcado todas as vezes que Young falava de um francês infeliz, mas que muitas de suas referências a franceses felizes ou prósperos ficaram sem sublinhar." Pode-se suspeitar que Huizinga fez algo parecido ao ilustrar sua afirmação de que "em nenhuma outra época as pessoas pensaram tanto na morte quanto nos últimos anos da Idade Média".

A história cultural está condenada a ser impressionista? Se não, qual é a alternativa? Uma possibilidade é o que os franceses chamam de "história serial", ou seja, a análise de uma série cronológica de documentos. Na década de 1960 alguns historiadores franceses já trabalhavam dessa maneira na questão da difusão da alfabetização e na "história do livro".[2] Eles comparavam, por exemplo, o número de livros publicados sobre diferentes assuntos em diferentes décadas na França do século XVIII.[3] A abordagem serial dos textos é adequada em muitos domínios da história cultural e já foi empregada na análise de testamentos, escrituras, panfletos políticos e assim por diante. As imagens também foram assim analisadas, por exemplo, imagens votivas de uma determinada região – como a Provence –, que revelam mudanças em atitudes religiosas ou sociais ao longo dos séculos.[4]

O problema levantado por Clapham acerca das leituras subjetivas dos textos é bem mais difícil de resolver. Mas há uma alternativa possível a esse tipo de leitura. Ela acabou sendo conhecida como "análise de conteúdo", um método usado nas faculdades norte-americanas de jornalismo no começo do século XX, antes de ser adotado, durante a Segunda Guerra Mundial, como um modo de obter informações confiáveis dos boletins de notícias alemães. O procedimento é escolher um texto ou *corpus* de textos, contar a frequência de referências a um dado tema ou temas e analisar sua "covariância", ou seja, a associação entre temas.

Por exemplo, podem-se analisar dessa maneira os escritos históricos de Tácito, observando a notável frequência de palavras referentes a "medo" (*metus*, *pavor*) e tratando-as como mostras da insegurança, consciente ou inconsciente, do autor.[5] Na década de 1970, um grupo estabelecido em Saint-Cloud que se intitulava Laboratório de Lexicometria e trabalhava com a Revolução Francesa listou os temas mais comuns nos textos de Rousseau, Robespierre e outros. Observou-se, por exemplo, que o substantivo mais comum no *Contrato social* de Rousseau era *loi* ("lei"), enquanto nos textos de Robespierre era *peuple* ("povo"), e ainda que Robespierre tendia a associar esse termo a *droits* ("direitos") e *souveraineté* ("soberania").[6]

Análises de conteúdo desse tipo têm de enfrentar algumas perguntas incômodas. O trabalho do grupo de Saint-Cloud era puramente descritivo, e pode-se argumentar que não vale a pena investir tanto esforço sem uma hipótese para testar. De qualquer forma, a passagem das palavras para os temas é difícil. A mesma palavra tem significados diferentes em contextos distintos, e os temas podem ser modificados ao se associarem com outros. Uma abordagem quantitativa é mecânica demais, insensível demais às variações para ser esclarecedora por si mesma.

No entanto, quando combinada a métodos literários tradicionais, a análise de conteúdo pelo menos corrige o tipo de viés descrito por Clapham. Pode-se desenvolver uma argumentação semelhante a respeito da "análise do discurso", uma análise linguística de textos maiores que uma frase isolada, abordagem com muita coisa em comum com a análise de conteúdo que ela suplantou, muito embora dê mais atenção à fala cotidiana, aos esquemas verbais, aos gêneros literários e a formas de narrativa.[7]

Outro tipo de problema, o das suposições, é enfatizado por Ernst Gombrich em sua conferência "Em busca da história cultural", uma crítica a Burckhardt, Huizinga e também aos marxistas, especialmente Hauser, por construírem sua história cultural sobre "alicerces hegelianos", em outras palavras, a ideia do "espírito da época" (*Zeitgeist*), tão popular no mundo de fala alemã nas viradas dos séculos XVIII e XIX.[8] Entretanto, a seguir vou comparar as abordagens burckhardtiana e marxista da cultura, discutindo primeiro a crítica marxista dos clássicos e depois os problemas levantados por uma história marxista da cultura.

Debates marxistas

A principal crítica marxista sobre a abordagem clássica da cultura é que ela "fica no ar", faltando-lhe contato com qualquer base econômica ou social. Burckhardt tinha pouco a dizer, como ele mesmo admitiu posteriormente, acerca das fundações econômicas do Renascimento italiano, enquanto Huizinga virtualmente ignorou a peste negra em seu relato sobre o sentimento de mortalidade do final da Idade Média. O ensaio de Panofsky também tinha pouco a dizer acerca dos contatos entre os dois grupos sociais responsáveis pelas realizações da arquitetura e da escolástica góticas, os mestres de obras e os mestres das artes.

Uma segunda crítica marxista aos historiadores clássicos da cultura acusa-os de superestimar a homogeneidade cultural e ignorar os conflitos. Uma expressão muito contundente dessa crítica encontra-se em um ensaio de Edward Thompson no qual ele chama a cultura de "termo desajeitado" que amontoa as coisas, esconde as distinções e tende a "nos empurrar para noções excessivamente consensuais e holísticas".[9] Seria preciso traçar as distinções entre as culturas das diferentes classes sociais, as culturas dos homens e das mulheres e as culturas das diferentes gerações que vivem na mesma sociedade.

Outra distinção útil é a que se faz entre o que pode ser chamado de "zonas temporais". Como sugeriu o historiador marxista alemão Ernst Bloch na década de 1930, "nem todas as pessoas existem no mesmo Agora. Isso só acontece externamente, pelo fato de poderem ser vistas hoje". Na verdade, "elas carregam consigo um elemento anterior; e isso interfere".[10] Bloch pensava nos camponeses alemães da década de 1930 e na empobrecida classe média de seu tempo, que viviam ambas no passado. No entanto, a "contemporaneidade do não coetâneo", como chamou ele, é um fenômeno histórico muito mais geral, que solapa a velha suposição da unidade cultural de uma era.

Esse ponto pode ser ilustrado pela própria história da história cultural, já que a abordagem clássica, a história social da cultura e a história da cultura popular coexistem há muito tempo.

Problemas da história marxista

A própria abordagem marxista levanta problemas complicados. Ser um historiador marxista da cultura é viver um paradoxo, se não uma contradição. Por que os marxistas deveriam se preocupar com o que Marx descartou, por considerar uma mera "superestrutura"?

Retrospectivamente, o famoso estudo de Edward Thompson, *A formação da classe operária inglesa* (1963), aparece como um marco na história cultural britânica. Por outro lado, quando foi publicado, o livro recebeu críticas de alguns colegas marxistas pelo que eles chamavam de "culturalismo", ou seja, por colocar ênfase nas experiências e nas ideias, e não nas duras realidades econômicas, sociais e políticas. A reação do autor foi criticar seus críticos pelo "economicismo".

Essa tensão entre culturalismo e economicismo foi criativa, pelo menos na ocasião. Encorajou uma crítica interna aos conceitos marxistas centrais de uma fundação econômica e social, ou "base", e uma "superestrutura" cultural. Para Raymond Williams, por exemplo, a fórmula de base e superestrutura era "rígida", e ele preferia estudar o que chamou de "relações entre elementos no modo de vida como um todo". Atraía-lhe a ideia de "hegemonia cultural", ou seja, a sugestão – feita pelo marxista italiano Antonio Gramsci, entre outros – de que as classes dominantes exercem poder não apenas diretamente, pela força e a ameaça da força, mas porque suas ideias passam a ser aceitas pelas "classes subalternas" (*classi subalterni*).[11]

Também para Thompson a ideia de hegemonia cultural apresentava um conceito da relação entre cultura e sociedade melhor que o de "superestrutura". Como ele escreveu em *Whigs and Hunters* (1975), com sua retórica característica:

> A hegemonia da pequena nobreza e da aristocracia no século XVIII era expressa, acima de tudo, não na força militar, não nas mistifica-

> ções dos sacerdotes e da imprensa, nem mesmo na coerção econômica, mas nos rituais de estudo dos juízes de paz, nas sessões trimestrais dos tribunais de condado, na pompa das sessões dos tribunais superiores e no teatro das execuções dos criminosos.

Os problemas continuam. Por um lado, um marxismo que dispensa as noções complementares de base e superestrutura corre o risco de perder suas qualidades distintivas. Por outro, a crítica de Thompson às "noções holísticas" parece tornar impossível a história cultural, ou, pelo menos, parece reduzi-la a fragmentos. Por mais diferentes que fossem os dois estudiosos, Thompson parecia estar apontando para a mesma direção que Gombrich quando este rejeitava as "fundamentações hegelianas" das sínteses de Burckhardt e Huizinga. Tais críticas levantam uma questão fundamental: é possível estudar as culturas como um todo, sem fazer falsas suposições sobre a homogeneidade cultural?

Foram propostas duas respostas principais a essa pergunta. Uma é estudar as tradições culturais, e outra é tratar a cultura erudita e a cultura popular como "subculturas", parcial embora não inteiramente separadas ou autônomas.

Os paradoxos da tradição

A ideia de cultura implica a ideia de tradição, de certos tipos de conhecimentos e habilidades legados por uma geração para a seguinte. Como múltiplas tradições podem coexistir facilmente na mesma sociedade – laica e religiosa, masculina e feminina, da pena e da espada, e assim por diante –, trabalhar com a ideia de tradição libera os historiadores culturais da suposição de unidade ou homogeneidade de uma "era" – a Idade Média, o período do Iluminismo ou qualquer outra. Entre os historiadores mencionados no capítulo anterior, Aby Warburg e Ernst-Robert Curtius estavam particularmente preocupados com a tradição, no caso, o destino da tradição clássica no mundo pós-clássico.

A ideia de tradição parece quase autoevidente, mas essa noção tradicional de tradição, como podemos chamá-la, é problemática. Os dois problemas principais podem ser descritos como os paradoxos gêmeos da tradição.

Em primeiro lugar, uma aparente inovação pode mascarar a persistência da tradição. A persistência de atitudes religiosas sob forma secularizada já foi observada em muitas culturas, sejam elas católicas, protestantes, judaicas, hindus e maometanas. A sobrevivência de certas atitudes e valores puritanos nos Estados Unidos de hoje é um exemplo óbvio – o sentido da importância do indivíduo, por exemplo, ou a necessidade de realização e a preocupação com o autoexame. Historiadores das missões costumavam concentrar-se na "conversão" de indivíduos, grupos ou povos de uma religião para outra. Atualmente, cientes da persistência da tradição, colocam mais ênfase na mistura consciente ou inconsciente ou na síntese das crenças e valores das duas religiões envolvidas.

Assim, o sociólogo francês Roger Bastide, discutindo o Brasil, escreveu sobre reinterpretação do catolicismo pelos escravos da África Ocidental por meio do filtro de suas próprias visões de mundo; enquanto um estudo do Japão moderno argumenta que "convertido" e mesmo "cristão" são "rótulos errados", nesse caso, e adota o termo local *Kirishitan* como forma necessária de distanciamento. Sua ideia é que a tradição sincrética do Japão (incluindo o xintoísmo, o budismo, o confucionismo e o daoismo) torna mais fácil para as pessoas aceitarem mais uma religião ou, pelo menos, mais um culto.[12]

Inversamente, os signos externos da tradição podem mascarar a inovação, tema enfatizado no volume coletivo sobre *A invenção das tradições* (discutido adiante, Capítulo 5). O chiste de Marx, ao afirmar que não era marxista, é bem conhecido. Ele parecia se referir a um problema recorrente que pode ser descrito como o problema dos fundadores e seguidores. A mensagem do fundador bem-sucedido de um movimento, filosofia ou religião raramente é simples. Ela atrai muitas pessoas porque tem muitos aspectos. Alguns seguidores enfatizam um aspecto, alguns enfatizam outro, segundo seus próprios interesses ou a situação em que se encontram. Ainda mais fundamental é o problema do "conflito interior das tradições", a disputa inevitável entre regras universais e situações específicas sempre em transformação.[13]

Em outras palavras, o legado muda – na verdade deve mudar – no decorrer de sua transmissão para uma nova geração. A grande fraqueza do estudo sobre a literatura europeia feito por Curtius é a relutância do autor em reconhecer esse fato, tratando como constantes os lugares-comuns que estudou. Warburg, ao contrário, estava bem ciente das modificações produzidas na tradição clássica ao longo dos séculos. Atualmente, os historiadores culturais estão ainda mais interessados na questão da "recepção", como veremos no Capítulo 5.

Cultura popular em questão

Uma outra alternativa óbvia para a suposição da homogeneidade cultural é distinguir entre cultura erudita e cultura popular em uma dada sociedade. No entanto, como o conceito de *Zeitgeist* e a ideia de superestrutura, a noção de "cultura popular" tornou-se, ela própria, uma questão em debate – para o qual teóricos como Michel de Certeau e Stuart Hall e historiadores como Roger Chartier e Jacques Revel deram contribuições valiosas.[14]

Para começar, é difícil definir o tema. Quem é "o povo"? Todos, ou apenas quem não é da elite? Neste último caso, estaremos empregando uma categoria residual e, como acontece muitas vezes em se tratando dessas categorias, corremos o risco de supor a homogeneidade dos excluídos. Talvez seja melhor seguir o exemplo de vários historiadores e teóricos que pensam nas culturas populares (ou, como os sociólogos costumam chamar, "subculturas") no plural – urbana e rural, masculina e feminina, velha e jovem, e assim por diante. O termo "subcultura" não parece ser usado tão frequentemente quanto costumava ser, talvez porque esteja associado à delinquência ou porque, erradamente, tenha passado a significar mais posição inferior em uma hierarquia cultural do que a parte de um todo. A pluralidade, contudo, continua em discussão.

No entanto, essa solução plural gera um novo problema. Existe, na mesma sociedade, por exemplo, uma cultura feminina autônoma, distinta da cultura dos homens? Responder "não" é negar diferenças palpáveis, mas responder "sim" talvez seja exagerá-las. Pode ser mais esclarecedor pensar em termos de culturas ou "subculturas" femininas mais ou menos autônomas ou demarcadas. Serão mais autônomas sempre que as mulheres forem mais segregadas dos homens; no mundo mediterrâneo tradicional, por exemplo, ou na cultura islâmica, ou nos conventos (alguns estudiosos falam de "cultura de convento"). No caso da Grécia Antiga, um classicista inspirado pela antropologia cultural, John Winkler, mostrou que, embora as fontes sobreviventes sejam quase inteiramente resultado do trabalho de homens, elas podem ser vistas sob a ótica contrária, revelando pontos de vista claramente femininos sobre sexo e outros assuntos. Ele trata a lírica de Safo e o festival feminino de Adonia como evidências particularmente valiosas de "uma consciência, por parte das mulheres gregas, no que se refere aos significados de sexo e gênero diferentes dos enunciados por seus maridos e pais".[15]

Outro problema para os historiadores da cultura popular é definir se devem ou não incluir as elites, pelo menos em certos períodos. O que torna a exclusão problemática é o fato de que as pessoas de status elevado, grande riqueza ou poder substancial não são necessariamente diferentes, no que diz respeito à cultura, das pessoas comuns. Na França do século XVII os leitores dos livrinhos baratos tradicionalmente descritos como exemplos de cultura popular incluíam mulheres nobres e até mesmo uma duquesa. Isso não é de surpreender, já que na época as oportunidades educacionais das mulheres eram muito limitadas.

Sendo assim, Roger Chartier argumentava que era praticamente impossível rotular objetos ou práticas culturais como "populares". Focalizando os grupos sociais, e não os objetos ou práticas, pode-se argumentar que as elites da Europa Ocidental no começo dos tempos modernos eram "biculturais", participando do que os historiadores chamam de "cultura popular" e também de uma cultura erudita de que as pessoas comuns estavam excluídas. Só depois de meados do século XVII as elites deixaram em geral de participar da cultura popular.[16]

Os especialistas várias vezes sugeriram que as muitas interações entre cultura erudita e popular eram uma razão para abandonar de vez os dois adjetivos. O problema é que sem eles é impossível descrever as interações entre o erudito e o popular. Talvez a melhor política seja empregar os dois termos sem tornar muito rígida a oposição binária, colocando tanto o erudito como o popular em uma estrutura mais ampla. O historiador francês Georges Duby, por exemplo, fez isso em um artigo desbravador sobre a difusão dos modelos culturais na sociedade feudal, examinando o movimento para cima e para baixo dos objetos e práticas sem dividir a cultura em dois compartimentos.[17]

O que é cultura?

O termo "cultura" é ainda mais problemático que o termo "popular". Como observou Burckhardt em 1882, história cultural é um "conceito vago". Em geral, é usado para se referir à "alta" cultura. Foi estendido "para baixo", continuando a metáfora, de modo a incluir a "baixa" cultura, ou cultura popular. Mais recentemente, também se ampliou para os lados. O termo cultura costumava se referir às artes e às ciências. Depois, foi empregado para descrever seus equivalentes populares – música folclórica, medicina popular e assim por diante. Na última geração, a palavra passou a se referir a uma ampla gama de artefatos (imagens, ferramentas, casas e assim por diante) e práticas (conversar, ler, jogar).

Falando estritamente, esse novo uso não tem nada de novo. Em 1948, em *Notas para uma definição de cultura*, o poeta T.S. Eliot, um norte-americano que observava a Inglaterra com um olhar antropológico, descreveu a cultura inglesa como incluindo, entre outros elementos, "O Dia do Derby, ... o alvo de dardos, ... repolho cozido e picado, beterraba ao vinagrete, igrejas góticas do século XIX e a música de Elgar". O antropólogo Bronislaw Malinowski já havia definido cultura de maneira ampla, em um artigo que marcou sua colaboração na *Encyclopaedia of the Social Sciences*, em 1931, abrangendo "as heranças de artefatos, bens, processos técnicos, ideias, hábitos e valores".

Na verdade, em 1871, em seu *Primitive Culture*, outro antropólogo, Edward Tylor, apresentou uma definição semelhante de cultura "tomada em seu sentido etnográfico amplo", como "o todo complexo que inclui conhecimento, crença, arte, moral, lei, costume e outras aptidões e hábitos adquiridos pelo homem como membro da sociedade". A preocupação antropológica com o cotidiano e com sociedades em que há relativamente pouca divisão de trabalho encorajou o emprego do termo "cultura" em um sentido amplo.

Os historiadores culturais – e outros membros de sua cultura – se apropriaram dessa noção antropológica na última geração, a era da "antropologia histórica" e da "nova história cultural". Esses movimentos gêmeos são o tema dos próximos capítulos.

3. A vez da antropologia histórica

Um dos aspectos mais característicos da prática da história cultural entre as décadas de 1960 e 1990 foi a virada em direção à antropologia. Mas ela não se limitou à história cultural: alguns historiadores econômicos, por exemplo, estudaram antropologia econômica. Mesmo nesse caso, a principal lição que aprenderam foi cultural, acerca da importância dos valores para explicar a produção, a acumulação e o consumo da riqueza.

Muitos historiadores aprenderam a usar o termo "cultura" no sentido amplo, tal como discutido no final do capítulo anterior. Alguns deles, especialmente na França, nos Estados Unidos e na Grã-Bretanha, frequentaram seminários de antropologia, tomaram de empréstimo alguns conceitos e construíram uma abordagem que veio a ser conhecida como "antropologia histórica", muito embora "história antropológica" talvez fosse um rótulo mais apropriado. Uma das mudanças mais significativas que se seguiu a esse longo momento de encontro entre história e antropologia – encontro que ainda não chegou ao fim, embora provavelmente esteja menos estreito – foi o uso do termo "cultura" no plural e em um sentido cada vez mais amplo.

A virada cultural

O interesse por cultura, história cultural e "estudos culturais" ficou cada vez mais visível nas décadas de 1980 e 1990. No entanto, essa "virada cultural" teve efeitos e talvez até mesmo significados distintos nas diferentes disciplinas.

No caso da psicologia cultural, por exemplo, ela significa um distanciamento da ideia de que os seres humanos têm impulsos idênticos, e uma aproximação da sociologia e da antropologia. Na geografia cultural, o desafio é não voltar à ideia tradicional de "áreas culturais", que não leva em conta as diferenças e os conflitos sociais em uma determinada região. No caso da economia, a atração exercida pela cultura está associada ao crescente interesse no consumo e à percepção de que as tendências não podem ser satisfatoriamente explicadas em termos de um modelo simples de consumidor racional. Na ciência política, a despeito do domínio do modelo de eleitor racional, há uma tendência crescente a ver a política como uma ação simbólica e a estudar a comunicação política em diferentes mídias. Até mesmo conservadores, analistas de política mundial como Samuel P. Huntington, falam hoje em "choque de culturas".[1]

No caso da história, alguns acadêmicos que construíram sua reputação escrevendo história política, como John Elliott em seu *Revolt of the Catalans* (1963), deram uma virada cultural. No caso de Elliott isso se deu colaborando com um historiador da arte, Jonathan Brown, em *A Palace for a King* (1980), um estudo sobre a construção e a decoração do palácio Buen Retiro, perto de Madri. A cultura foi associada à política, e o palácio analisado como local destinado a exibir o poder dos Habsburgo. Hoje, mais que nos anos 1960 ou 1970, os historiadores tendem a usar expressões como "cultura da imprensa", "cultura de corte", ou "cultura do absolutismo".

Os exemplos seguintes, tirados de títulos de livros publicados na década de 1990, devem bastar para revelar a tendência: "a cultura do mérito", "a cultura da empresa", "a cultura do jogo", "a cultura do seguro de vida", "a cultura do amor", "a cultura do puritanismo", "a cultura do absolutismo", "a cultura do protesto", "a cultura do segredo" e "a cultura da polidez". Até mesmo a "cultura da arma" encontrou seu historiador.[2] Estamos a caminho da história cultural de tudo: sonhos, comida, emoções, viagem, memória, gesto, humor, exames e assim por diante.

A expressão "nova história cultural" (NHC) teve muito sucesso nos Estados Unidos, reunindo historiadores da literatura, historiadores da arte e da ciência, bem como o que podemos chamar de historiadores "comuns" ou "normais". No entanto, o movimento é internacional. Na França, a expressão *histoire culturelle* demorou a entrar na linguagem graças a rivais como *l'histoire des mentalités* e *l'histoire de l'imaginaire social*, mas Roger Chartier e outros se definem agora como historiadores culturais. O livro de Chartier *Les origines culturelles et la Révolution Française* (1990) foi escrito como resposta ao estudo clássico de Daniel Mornet (1933), contrapondo, assim, uma história cultural mais ampla a uma história intelectual mais restrita. Contudo, o grupo francês que usa o termo *histoire culturelle* com mais frequência é o de especialistas nos séculos XIX e XX, como Pascal Ory.[3]

Na Alemanha e na Holanda, a "nova história cultural" foi enxertada na tradição de Burckhardt e Huizinga, dando maior ênfase à chamada "história do cotidiano". Na Grã-Bretanha, por outro lado, a despeito da existência, desde a década de 1930, do Warburg Institute, em Londres, a história cultural é efetivamente um desenvolvimento novo. Como observou Keith Thomas em 1989: "No Reino Unido não existe esse tema. Existem pouquíssimas aulas ou seminários sobre história cultural, nenhum departamento dessa disciplina, nenhuma revista ou conferência sobre o assunto."[4] Embora essa situação tenha mudado bastante nos últimos 30 anos, foram os "estudos culturais", mais que a história cultural, que alcançaram proeminência na Grã-Bretanha na última geração.

Explicações culturais

A expansão do império da cultura inclui uma propensão cada vez maior a apresentar explicações culturais para fenômenos econômicos, como o declínio econômico da Grã-Bretanha, por exemplo, ou a riqueza e a pobreza das nações em geral. Em 1961, John Elliott publicou um artigo chamado "The Decline of Spain"; 17 anos depois, publicou outro na mesma revista, *Past and Present*, dessa vez sob o título "Self-Perception and Decline in Early Seventeenth-Century Spain". O deslocamento do interesse por medidas objetivas para uma preocupação maior com a percepção do declínio é característico de toda uma geração de historiadores. De maneira semelhante, cada vez mais as questões culturais são apresentadas como explicação para mudanças no mundo político, como revoluções, formação dos Estados ou mesmo a intervenção sueca na Guerra dos Trinta Anos.[5]

Um exemplo marcante de explicação cultural para acontecimentos políticos aparece na obra de um convertido da história política para a cultural, F.S. Lyons. Em seu último livro, *Culture and Anarchy in Ireland, 1890-1939* (1979), Lyons descreveu o país dividido em quatro culturas, a da Inglaterra, a da Irlanda, a anglo-irlandesa e a dos protestantes de Ulster, quatro comunidades "incapazes de viver juntas ou separadas". Ele argumentou que os problemas políticos eram manifestações relativamente superficiais de conflitos culturais subjacentes ou "colisões", pedindo maior atenção para a história cultural, que, segundo ele, na Irlanda "ainda está na infância".

O contraste entre o uso do termo "cultura" por Lyons e por Matthew Arnold (discutido anteriormente), cujo título ele adaptou, é muito revelador, um exemplo relativamente precoce do que se tornou uma tendência geral. Antes empregado para se referir a obras clássicas de arte e literatura, ele agora inclui também vida cotidiana, em especial costumes e valores. Historiadores se aproximaram da visão de cultura dos antropólogos.

A vez da antropologia histórica

Entre os antropólogos mais cuidadosamente estudados pelos historiadores estão Marcel Mauss, sobre o fenômeno do dom, Edward Evans-Pritchard, sobre bruxaria, Mary Douglas, sobre pureza, e Clifford Geertz, sobre Bali. Quando Claude Lévi-Strauss estava no auge da fama, nas décadas de 1960 e 1970, inúmeros historiadores se sentiram atraídos por sua abordagem estruturalista, descobrindo, muitas vezes, que ela resistia à apropriação.

Um dos primeiros exemplos da virada antropológica vem da extinta União Soviética. O medievalista russo Aaron Gurevich é um conhecedor da Escandinávia. Especializado em história agrária, interessou-se pelas concepções de propriedade na Noruega e na Islândia medievais. Para entender um sistema baseado na transferência constante de bens móveis, voltou-se para a antropologia.[6]

Gurevich comparou as festas dos escandinavos com as descrições do *potlatch* entre os kwakiutl (também conhecidos como kwakwaka'wakw), um povo da Colúmbia Britânica (o *potlatch* era a ocasião social em que um chefe convidava seus iguais e seus rivais para testemunhar a destruição de bens valiosos). Ele usou a análise de Mauss sobre as regras do dom nas sociedades tradicionais, especialmente a obrigação de receber e de retribuir, seja na forma de outro presente (num intervalo discreto), seja na de lealdade e serviços ao doador. Dessa maneira, ele explicou as muitas referências à doação de presentes nas sagas islandesas, concluindo que na Escandinávia medieval a generosidade não era apenas um dever moral de pessoas importantes e uma condição de seu status; era também uma qualidade com propriedades mágicas, produzindo paz e boas colheitas.

Certamente essas conclusões podem ser estendidas para outras partes da Europa. No caso da Inglaterra anglo-saxônica, os propósitos políticos das festas e dos presentes de anéis e armas descritos de maneira tão viva no poema épico *Beowulf* ficam mais claros à luz da teoria antropológica. O exemplo dos antropólogos encorajou os historiadores a ver godos, vândalos, hunos e outros invasores do Império Romano de maneira mais positiva, e a tentar reconstruir o que pode ser chamado de "civilização dos bárbaros".

A inspiração de Evans-Pritchard é clara na obra de Keith Thomas, um dos pioneiros da antropologia histórica na Grã-Bretanha. Por exemplo, os capítulos sobre astrologia e feitiçaria em seu livro *Religião e declínio da magia* (1971), um estudo sobre os primeiros tempos da Inglaterra moderna, têm referências abundantes à África, como, por exemplo, a comparação entre as "pessoas ardilosas" nos períodos Tudor e Stuart e os adivinhos africanos do século XX. A análise de Thomas sobre a função social da crença na feitiçaria como reforço aos "padrões morais aceitos" desenvolve uma sugestão feita primeiramente por Evans-Pritchard, de que a crença na feitiçaria entre os azande (um povo da África Central) "é um corretivo poderoso aos impulsos não caridosos, porque uma demonstração de aborrecimento, mesquinharia ou hostilidade pode trazer sérias consequências".[7]

Mary Douglas, discípula de Evans-Pritchard, também fez trabalho de campo na África, mas foi seu estudo geral, *Pureza e perigo* (1966), que atraiu os historiadores, especialmente suas notáveis teses de que a sujeira "está nos olhos do observador" e constitui uma forma de desordem. Graças a esse livro, a longa história da preocupação ocidental com a pureza ficou muito mais visível em domínios tão diferentes quanto a linguagem e as chamadas "ocupações infames", que, exiladas nas margens das cidades medievais, iam das fisicamente sujas (tingir roupas e curtir couros) às moralmente impuras (prostitutas e carrascos).[8]

Pureza e perigo foi o ponto de referência central de um famoso artigo da historiadora norte-americana Natalie Davis sobre as revoltas ocorridas na França durante as Guerras Religiosas, ao final do século XVI. Davis analisou as guerras com um olhar antropológico, "de baixo", e observou a violência comunitária da época, o linchamento de católicos por protestantes e de protestantes por católicos, interpretando os tumultos como uma espécie de ritual, "ritos de violência", e uma tentativa de purificar a comunidade local da nódoa da heresia e da superstição.[9]

Enquanto uns poucos historiadores anglófonos liam Evans-Pritchard e Douglas, alguns de seus colegas franceses descobriam a obra de Claude Lévi-Strauss. Eles não estavam interessados em seu trabalho mais empírico com os índios do Brasil, os bororo e os nhambiquara, mas em sua teoria geral da cultura, seu assim chamado "estruturalismo". Lévi-Strauss aprendeu com os linguistas a estudar as relações entre os elementos de um sistema cultural ou social, focalizando, em particular, as oposições binárias – alto e baixo, claro e escuro, cru e cozido, e assim por diante.

Os quatro volumes do estudo de Lévi-Strauss sobre a mitologia ameríndia foram publicados entre 1964 e 1971, e levaram alguns historiadores, especialmente Jacques Le Goff e Emmanuel Le Roy Ladurie, a analisar os mitos europeus de maneira semelhante. Aqui também Keith Thomas, em *O homem e o mundo natural* (1983), acompanhou Lévi-Strauss, ao sugerir que a classificação dos animais no início da Inglaterra moderna era uma projeção da estrutura social sobre a natureza.

Um bom exemplo de estudo histórico que utiliza os pontos de vista do estruturalismo ou da semiótica, num estilo mais russo que francês, é o ensaio de Juri Lotman sobre o que ele chama de "poética do comportamento cotidiano" na Rússia do século XVIII. Embora não cite antropólogos – sua própria disciplina era literatura –, o ensaio de Lotman assume um ponto de vista da antropologia ao afirmar que quanto mais distante uma cultura está de nós, mais facilmente podemos tratar sua vida cotidiana como objeto de estudo. A vantagem de escolher a Rússia do século XVIII como estudo de caso é que a ocidentalização cultural promovida por Pedro o Grande e seus sucessores fez com que o cotidiano se tornasse problemático para os nobres russos, que passaram a precisar de um manual de conduta, como o *True Mirror of Youth* (1767), que lhes dissesse como se comportar segundo a maneira ocidental. "Durante e depois do período de Pedro, o nobre russo era como um estrangeiro em seu próprio país", já que as pessoas comuns viam-no como se estivesse fantasiado.[10] Lotman foi criticado por confiar excessivamente em oposições binárias, fontes literárias e evidências sobre nobres do sexo masculino, e especialmente pela ideia do "estrangeiro em seu próprio país", mas sua obra marcou uma trilha que estudiosos posteriores ainda estão seguindo.[11]

Lotman trata o conceito de "poética" da vida cotidiana como excepcional, limitado a um certo período da história russa, mas essa abordagem pode ser, e foi, empregada de maneira mais geral. Já em 1860, Jacob Burckhardt defendeu uma abordagem estética da política e da sociedade do Renascimento, vendo o Estado e a sociedade como "obras de arte". O historiador literário Stephen Greenblatt, por sua vez, propõe algo mais geral, uma "poética da cultura".

O antropólogo que inspirou a maioria dos historiadores culturais da última geração, especialmente nos Estados Unidos, foi Clifford Geertz, cuja "teoria interpretativa da cultura", como ele chamou, está a quilômetros de distância da teoria de Lévi-Strauss. Criticando a definição de Edward Tylor para cultura, "conhecimento, crença, arte, moral, lei, costume", que, para ele, "oculta muito mais que revela", Geertz enfatizou o significado e aquilo que ele chamou, em um famoso ensaio com este título, de "descrição densa". Em sua própria definição, cultura é "um padrão, historicamente transmitido, de significados incorporados em símbolos, um sistema de concepções herdadas, expressas em formas simbólicas, por meio das quais os homens se comunicam, perpetuam e desenvolvem seu conhecimento e suas atitudes acerca da vida".[12]

O significado disto, na prática, fica mais claro quando examinamos as etnografias de Geertz, especialmente sua muito citada interpretação das brigas de galo em Bali, em que trata o esporte como "drama filosófico", uma chave para o entendimento da cultura balinesa. Geertz vincula as brigas de galo ao "mundo mais amplo da cultura balinesa", mas não como um "reflexo" dessa cultura. Pelo contrário, trata as brigas como um texto, "uma leitura balinesa da experiência balinesa, uma história que eles se contam acerca de si mesmos", comparando-as, em nossa própria cultura, a *Rei Lear* ou *Os irmãos Karamazov*. Ele descreve a prática comum de apostar grandes somas na vitória de um galo como "uma dramatização das preocupações com o status". É isso o que torna o jogo "profundo".[13]

Não é difícil ver quanto Geertz deve ao teórico da literatura Kenneth Burke, que na década de 1940 já falava do que chamou de "abordagem dramática" da cultura. Outro antropólogo que vinha pensando em linhas semelhantes às de Geertz era Victor Turner, cuja ideia de "drama social", empregada muitas vezes pelos novos historiadores culturais, decorreu do trabalho de campo na África, onde observou que as perturbações na vida social muitas vezes passavam por "uma sequência mais ou menos regular" que podia ser dividida em quatro fases: ruptura de relações sociais normais, crise, tentativa de uma ação de reparação, e, finalmente, "reintegração", ou, alternativamente, reconhecimento do "cisma".[14]

Em continuidade a essa abordagem dramática ou dramatúrgica, Geertz escreveu um livro sobre o que chama de "Estado teatral" em Bali do século XIX. Tratava-se um Estado em que, segundo o autor, era errado supor, como fazem muitos cientistas políticos ocidentais, o ritual é um meio a serviço do poder. Para os balineses, da maneira que Geertz os apresenta, é o inverso que é verdade: "o poder serve à pompa, e não a pompa, ao poder". O Estado balinês pode ter sido fraco, mas era espetacular. Sua própria *raison d'être* era o espetáculo.[15]

O impacto da obra de Geertz sobre os historiadores culturais pode ser ilustrado pelo livro de Robert Darnton, *O grande massacre dos gatos* (1984). Trata-se de uma reunião de ensaios resultantes de um seminário sobre história e antropologia em Princeton, no qual Darnton e Geertz colaboraram. Seguindo os antropólogos, Darnton definiu a tarefa do historiador cultural como "capturar a alteridade" e, seguindo Geertz em particular, sugeriu que "se pode ler um ritual ou uma cidade, assim como se pode ler um conto folclórico ou um texto filosófico". *O grande massacre dos gatos* é uma reunião dessas leituras.

O ensaio que dá título ao livro trata de um acontecimento aparentemente trivial ocorrido em uma tipografia parisiense na década de 1730. Aborrecidos com o miado dos gatos do lugar, que não os deixava dormir, os aprendizes que trabalhavam no estabelecimento organizaram uma caçada, seguida por um julgamento simulado e pela "execução" por enforcamento, para delirante satisfação dos organizadores. Pelo menos foi assim que um dos aprendizes se lembrou do incidente quando, mais velho, escreveu suas memórias.

Darnton começa sua análise com a risada dos aprendizes, sugerindo que "nossa própria incapacidade de perceber a piada é uma indicação da distância que nos separa dos trabalhadores da Europa pré-industrial". Para vencer essa distância, ele coloca o acontecimento em uma série de contextos, das relações de trabalho aos rituais populares e das atitudes em relação aos gatos às visões de violência. Assim, não apenas ajuda o leitor a entender por que os aprendizes fizeram o que fizeram, mas também transforma o incidente em uma porta de entrada para um mundo perdido. Pode-se dizer que ele analisa o evento como um "drama social", muito embora não siga a sequência de Turner.

Essa interpretação do "massacre dos gatos" foi contestada, especialmente por Roger Chartier, que levanta, em particular, objeções à concepção de Darnton acerca da "francesia", chamando a atenção para o paradoxo de enfatizar a distância cultural entre os séculos XVIII e XX e realçar a continuidade de um estilo cultural francês. No entanto, Chartier cita o próprio Geertz com aprovação.[16]

Por que a obra de Geertz, e em particular o ensaio sobre brigas de galo, teve tanto impacto? Sua cultura humanista, a prosa elegante e a defesa da interpretação dos significados (em oposição à análise das funções sociais dos costumes, praticada por tantos de seus colegas antropólogos nas décadas de 1960 e 1970) contribuíram para essa recepção calorosa. Sua preocupação com a hermenêutica coloca-o na tradição alemã da história cultural. De qualquer forma, a "analogia do drama", como chama Geertz, é extremamente poderosa, ligando a antiga preocupação com a alta cultura ao novo interesse pelo cotidiano. O poder dessa analogia ajuda a explicar a grande atenção despertada não apenas pelas obras de Geertz e Turner, mas também pelo livro de Erving Goffman, *A representação do eu na vida cotidiana* (1959). Goffman, por exemplo, citou a descrição de George Orwell de um garçom que se comportava de certa maneira com os fregueses na "área da frente" do restaurante e de maneira completamente diferente com os colegas, na cozinha, espaço que poderia ser descrito como os "bastidores".

O poder de analogia do drama também ajuda a explicar o crescente interesse histórico pelos rituais. A tradição de estudar rituais oficiais, tais como as coroações, remonta à década de 1920 ou mesmo antes, mas nas décadas de 1960 e 1970 historiadores como Edward Thompson e Natalie Davis descobriram os rituais populares, tais como as serenatas bufas (*charivari*), antes de passarem a descrever e analisar "práticas" e "performances" ainda mais informais. Paralelamente, o acadêmico alemão Richard van Dülmen estudou as execuções nos primeiros tempos da modernidade, em seu *Teatro de horror* (1985).

Um emprego particularmente consistente da analogia do drama pode ser encontrado no livro de Rhys Isaac, *The Transformation of Virginia* (1982), que mostra com particular clareza seu valor para os historiadores culturais. Apresentando-o como exemplo de "história etnográfica", discutindo seu método em um longo capítulo final e tomando as obras de Goffman e Geertz como principais pontos de referência, Isaac sugere que toda cultura tem um "conjunto dramatúrgico", ou repertório, específico.

No caso da Virgínia, a ideia de vida social como uma "série de performances" é ilustrada enfatizando-se o "caráter cerimonial" das refeições na casa-grande, a hora do chá, a hospitalidade, os procedimentos cortesãos, as eleições, o alistamento da milícia local, a adoção e a assinatura de resoluções. O "modelo do teatro" é usado até mesmo para interpretar microeventos cotidianos, tais como o encontro entre um homem branco e um escravo, quando o último deveria "dar uma demonstração exagerada de submissão".

No entanto, a preocupação com a antropologia por parte dos historiadores, especialmente da Europa Ocidental e dos Estados Unidos entre as décadas de 1960 e 1990, foi bem além do interesse por Geertz ou por dramas sociais. Qual a razão para a demanda cada vez maior em relação à antropologia nesse período?

Encontros entre disciplinas, assim como entre culturas, muitas vezes seguem os princípios da congruência e da convergência. O que faz as pessoas de uma cultura sentirem-se atraídas por outra é, muitas vezes, a ideia de uma prática análoga à sua própria e, assim, ao mesmo tempo familiar e estranha. Seguindo essa atração original, certas ideias ou práticas nas duas culturas passam a se parecer mais umas com as outras. No caso que estamos discutindo, podemos dizer que a teoria e a prática da descrição densa ajudou um grupo de historiadores a avançar ainda mais em uma direção na qual já estavam seguindo. Como disse certa vez Greenblatt, o encontro com a obra de Geertz "deu sentido a algo que eu já praticava, fazendo com que minhas próprias habilidades profissionais ficassem mais importantes, mais vitais e iluminadoras do que eu até então percebera".[17]

Muitos dos principais historiadores culturais do final do século XX – por exemplo, Emmanuel Le Roy Ladurie e Daniel Roche na França, Natalie Davis e Lynn Hunt nos Estados Unidos, Carlo Ginzburg na Itália, Hans Medick na Alemanha – originalmente se definiam como historiadores sociais e admiradores de Marx, quando não marxistas propriamente. Do final da década de 1960 em diante, eles voltaram-se para a antropologia em busca de uma maneira alternativa de vincular cultura e sociedade, uma forma que não reduzisse a primeira a um reflexo da segunda ou a uma superestrutura, como o glacê do bolo.[18]

O aumento do interesse pela cultura popular tornou a antropologia ainda mais relevante para os historiadores. Os antropólogos já haviam rejeitado a suposição condescendente de que os povos estudados não entendiam suas próprias culturas, e levavam em conta o conhecimento local ou não oficial de seus informantes.

O conceito amplo de cultura dos antropólogos era, e continua sendo, um outro atrativo, vinculando o estudo dos símbolos – que havia sido abandonado pelos historiadores aos especialistas em arte e literatura – à vida cotidiana explorada pelos historiadores sociais. Parte do poder da analogia do drama decorre de sua ajuda em estabelecer tal vínculo. A ideia antropológica de "regras" ou "protocolos" culturais também atraiu os historiadores culturais; a ideia de que – como crianças – eles tinham de aprender como as coisas eram feitas: como pedir uma bebida, como entrar em uma casa, como ser um rei medieval ou um santo da Contrarreforma.

Não se deve esquecer que alguns historiadores das velhas gerações já haviam estudado o simbolismo na vida cotidiana. O mais conhecido certamente é Johan Huizinga, que, como vimos, usou a antropologia de sua época para escrever sua obra-prima sobre o final da Idade Média. Num ensaio autobiográfico, Huizinga escreveu que a leitura precoce do livro de Tylor, *Primitive Culture*, "abriu perspectivas que, em certo sentido, vêm me inspirando desde então", entre elas e o conceito de simbolismo.[19] O livro de Huizinga, *Outono da Idade Média,* descreve um homem religioso que costumava cortar a maçã em três pedaços, em honra da Santíssima Trindade, e sugere que as refeições na corte de Carlos, o Audaz, "pareciam a encenação de uma peça grandiosa e solene".

Antes de Huizinga, um estudioso dinamarquês, Troels Frederik Troels-Lund, inspirando-se na obra de folcloristas escandinavos assim como nos historiadores culturais alemães, havia discutido o simbolismo cotidiano em uma série de 14 volumes, *Daily Life in the North* (1879-1901), com capítulos sobre vestuário, comida e festivais.[20]

Em 1953, L.P. Hartley começava seu romance *O mensageiro* com a seguinte epígrafe: "O passado é um país estrangeiro. Lá eles fazem as coisas de maneira diferente." No entanto, só na década de 1970 um grupo de historiadores começou a citar Hartley e a afirmar que a "história cultural tem mais coerência e faz mais sentido quando é vista como uma espécie de etnografia retrospectiva".[21]

É um pouco paradoxal que tenha sido por meio de estudos sobre povos remotos como os azande e os balineses que os historiadores ocidentais descobriram o simbolismo cotidiano em sua própria vizinhança, por assim dizer, mas, como observaram

G.K. Chesterton e outros, muitas vezes é necessário viajar para ver mais claramente o que temos em casa. Cem anos atrás, alguns japoneses passaram a valorizar ainda mais a própria cultura quando tomaram conhecimento do entusiasmo ocidental pelas impressões em blocos de madeira, pelas peças nô e pelo som do samisém.

Uma virada antropológica também está visível na história da literatura, da arte e da ciência. Greenblatt, por exemplo, passou da história da literatura para o que ele chama de "poética da cultura". Como outros historiadores literários do grupo associado ao "novo historicismo", movimento que pretendia recolocar a literatura em seu contexto histórico ou cultural, a obra de Greenblatt foi desenvolvida a partir da tradição marxista de "literatura e sociedade", mas se voltou contra ela. Como seus colegas, ele lança mão da teoria cultural, de Mikhail Bakhtin a Michel Foucault. Em seu *Shakespearean Negotiations* (1988), ele rejeita a tradicional visão marxista da arte como reflexo da sociedade. Em vez disso, concentra-se no que chamou de "trocas" ou "negociações" entre os dois domínios.

Por exemplo, em um ensaio desse livro, intitulado "Shakespeare and the Exorcists", Greenblatt discute a relação entre dois textos muito diferentes, *Rei Lear* e *Declaration of Egregious Popish Impostures*. Este último, do ministro protestante Samuel Harsnett, era um ataque à prática do exorcismo e foi publicado pouco antes da peça de Shakespeare. O principal argumento de Harsnett contra os exorcistas era que eles estavam na verdade atuando numa peça, mas escondiam da audiência esse fato. O tema central do ensaio é o que Greenblatt chama de "a transferência da possessão e do exorcismo de uma representação sagrada para uma profana". Ele trabalha com a "analogia do drama", mas também contribui para sua história.

Alguns estudiosos que costumavam se ver como historiadores da arte chegaram a dizer que eles trabalhavam com "cultura visual". Dois exemplos marcantes dessa virada para a cultura visual vêm da obra de Bernard Smith e Michael Baxandall.

O livro de Smith, *European Vision and the South Pacific* (1959), argumenta que quando os europeus (inclusive os artistas que acompanhavam as viagens de descoberta) entraram naquela região pela primeira vez viram os povos do Pacífico de um modo "culturalmente orientado", por intermédio das lentes da tradição clássica ou de estereótipos como os do nobre selvagem. Os taitianos, por exemplo, eram vistos como povos que viviam na Idade de Ouro, e os aborígines australianos, como espartanos ou citienses. As ilhas Antípodas eram percebidas como o inverso da Europa, uma espécie de mundo de cabeça para baixo.

O livro de Baxandall, *Painting and Experience in Fifteenth-Century Italy* (1972), discute o que o autor chama de "olhar do período", em outras palavras, a relação entre a percepção das pinturas e as experiências do dia a dia, variando da dança à cubagem dos barris. A preocupação de Baxandall com "um estoque de padrões" lembra Aby Warburg, mas sua abordagem culturalmente relativista lembra também a antropologia, particularmente a antropologia interpretativa de Geertz, que, por sua vez, discutiu o livro de Baxandall em um de seus ensaios.[22]

Há historiadores da ciência que vêm se movendo em uma direção semelhante, redefinindo-se como historiadores culturais, como Nicholas Jardine e seus colegas fizeram em um livro intitulado *Cultures of Natural History* (1996). Novamente Peter Galison, em *Images and Logic* (1997), descreveu o que chamou de as duas culturas físicas do século XX, a teórica e a experimental, e as "zonas de intercâmbio" entre elas.

O estudo sobre a carreira de Galileu Galilei na corte dos Médici, em Florença, feito no livro de Mario Biagioli, *Galileo Courtier* (1993), pode também ser descrito como exemplo de antropologia histórica. Biagioli lança mão de Mauss e Malinowski para analisar os vínculos entre Galileu e seu patrono, e usa Geertz e Goffman para explicar as pressões sofridas pelo cientista para apresentar a si mesmo e suas descobertas de maneira dramática. Por exemplo, Galileu tinha de responder a perguntas feitas "de maneira ardilosa, seguindo os códigos da cultura cortesã". Ele era obrigado a entrar em disputas, algumas vezes à mesa, após o jantar, como forma de entretenimento culto de seu patrono, o grão-duque. No ambiente da corte do século XVII, "o espetáculo interessava mais que o produto final".

Deve ter ficado claro que alguns dos clássicos da antropologia mostraram-se de grande valia para o pensamento dos historiadores e ofereceram soluções para alguns de seus problemas. De qualquer forma, seria muito limitado explicar a ascensão do interesse pela antropologia apenas em termos da história interna da escrita histórica. Os historiadores reagiram, de maneira consciente ou inconsciente às mudanças no mundo como um todo, inclusive à perda de fé no progresso e à ascensão do anticolonialismo e do feminismo.

Nos Estados Unidos em particular, a ascensão do Movimento da Consciência Negra pressionou as universidades a introduzirem "Estudos Negros", inclusive a história cultural e social dos afro-americanos. Essa abordagem expandiu-se no que foi chamado de "a nova história da raça", primeiro a história da negritude e depois a da brancura também.[23] De maneira similar, a história social e cultural das mulheres e da feminilidade expandiu-se para incluir a masculinidade e para ser descrita como a história cultural do gênero.[24]

Micro-história

A década de 1970 testemunhou a ascensão, ou pelo menos a definição, de um novo gênero histórico, a "micro-história", associado a um pequeno grupo de historiadores italianos, como Carlo Ginzburg, Giovanni Levi e Edoardo Grendi. Esse acontecimento pode ser visto pelo menos de três maneiras.

Em primeiro lugar, a micro-história foi uma reação contra um certo estilo de história social que seguia o modelo da história econômica, empregando métodos quantitativos e descrevendo tendências gerais, sem atribuir muita importância à variedade ou à especificidade das culturas locais. Na Alemanha, a competição entre os dois estilos engendrou um debate, no qual a micro-história estava representada por Hans Medick, e a macro-história "história da sociedade", por Hans-Ulrich Wehler e Jürgen Kocka.

Em segundo, a micro-história foi uma reação ao encontro com a antropologia. Os antropólogos ofereciam um modelo alternativo, a ampliação do estudo de caso onde havia espaço para a cultura, para a liberdade em relação ao determinismo social e econômico e para os indivíduos, rostos na multidão. O microscópio era uma alternativa atraente para o telescópio, permitindo que as experiências concretas, individuais ou locais, reingressassem na história.[25]

Em terceiro lugar, a micro-história era uma reação à crescente desilusão com a chamada "narrativa grandiosa" do progresso, da ascensão da moderna civilização ocidental, pela Grécia e Roma antigas, a Cristandade, a Renascença, a Reforma, a Revolução Científica, o Iluminismo, a Revolução Francesa e a Industrial. Essa história triunfalista passava por cima das realizações e contribuições de muitas outras culturas, para não falar dos grupos sociais do Ocidente que não haviam participado dos movimentos acima mencionados. Há um paralelo óbvio entre a crítica a essa grande narrativa na história e a crítica ao chamado "cânone" dos grandes escritores da literatura inglesa, ou dos grandes pintores na história da arte ocidental. Por trás delas, pode-se ver uma reação contra a globalização, enfatizando os valores das culturas regionais e dos conhecimentos locais.

Dois livros publicados em meados da década de 1970 colocaram a micro-história no mapa: *Montaillou*, de Emmanuel Le Roy Ladurie (1975), e *O queijo e os vermes* (1976), de Carlo Ginzburg, ambos combinando sucesso acadêmico e apelo a um público mais amplo.

Montaillou faz um retrato histórico de uma pequena aldeia francesa nos Pireneus e seus cerca de 200 habitantes, no começo do século XIV, retrato possível pela sobrevivência dos registros da Inquisição, inclusive os interrogatórios de 25 aldeões suspeitos de heresia. O livro tem a forma geral de um estudo de comunidade do tipo muitas vezes realizado por sociólogos, mas cada capítulo levanta questões debatidas pelos historiadores franceses na época, acerca da infância, por exemplo, da sexualidade, do sentido local de tempo e de espaço, ou da casa camponesa como representação dos valores familiares. *Montaillou* foi uma contribuição à história cultural, no sentido amplo de que incluía cultura material e mentalidades.

O queijo e os vermes também se baseava nos registros da Inquisição, dessa vez na região do Friuli do século XVI, no nordeste da Itália, e tem seu foco na personalidade de um indivíduo interrogado sob suspeita de heresia, o moleiro Domenico Scandella, conhecido como "Menocchio". Para surpresa dos inquisidores, Menocchio respondeu às perguntas de maneira detalhada, expondo sua visão do cosmos. O título do livro deve-se à explicação de Menocchio de que no princípio tudo era o caos, e os elementos formavam uma massa "exatamente como o queijo faz com o leite, e naquela massa apareceram alguns vermes, que eram os anjos". No decorrer de seu interrogatório, Menocchio também falou longamente sobre os livros que havia lido e sobre a maneira como os interpretava. Dessa forma, o estudo de Ginzburg contribuiu para a nova "história da leitura", discutida no próximo capítulo.

O queijo e os vermes pode ser descrito como uma "história de baixo", porque se concentra na visão de mundo de um membro do que o marxista italiano Antonio Gramsci chamava de "classes subalternas". O herói do livro, Menocchio, pode ser descrito como um "extraordinário homem comum", e o autor explora suas ideias sob diferentes ângulos, tratando-o algumas vezes como um indivíduo excêntrico que deixava seus interrogadores desconcertados porque não se encaixava no estereótipo de herege, e em outras ocasiões como porta-voz da cultura camponesa, tradicional e oral. Nem sempre a argumentação é consistente, mas necessariamente instiga o pensamento.

Outros estudos históricos, inspirados mais pela geografia e pelo folclore que pela antropologia, examinaram unidades locais mais amplas, regiões e não aldeias ou famílias. Charles Phythian-Adams, por exemplo, tentou identificar o que chamou de "províncias culturais" da Inglaterra, 14 no total, maiores que condados porém menores que as habituais divisões em Nordeste, Centro, Sudoeste e assim por diante. Por sua vez, David Underdown concentrou-se nas variações da cultura popular no começo do período moderno, relacionando formas culturais à economia local e mesmo a padrões de ocupação da terra. Ele sugeriu, por exemplo, que o futebol era especialmente popular nas "terras baixas de Wiltshire e Dorset, com suas aldeias ordenadas em núcleos e suas economias baseadas na criação de ovelhas e no cultivo de trigo".[26]

Do outro lado do Atlântico, o discutido livro de David Fischer, *Albion Seed* (1989), definia quatro regiões culturais na América colonial, cada uma delas formada pela migração de uma região inglesa: de East Anglia para Massachusetts, do sul da Inglaterra para a Virgínia, de North Midlands para Delaware e, finalmente, no século XVIII, de North Britain para o "interior", a oeste da Pensilvânia. Fischer argumentava que o que chamava de "modos populares" – traços culturais que vão da linguagem a tipos de habitação – de cada uma das quatro regiões foram formados pelas tradições regionais britânicas. As casas revestidas de tábuas encaixadas da Nova Inglaterra, por exemplo, reproduziam as casas de East Anglia, e a pronúncia e o vocabulário dos virginianos derivavam dos dialetos de Sussex e Wessex, e assim sucessivamente.

Da década de 1970 em diante, foram publicados centenas de estudos micro-históricos, focando aldeias e indivíduos, famílias e conventos, badernas, assassinatos e suicídios. A variedade é impressionante, mas é provável que tais estudos estejam sujeitos à lei de rendimentos intelectuais decrescentes. O grande problema – enfrentado diretamente por Ginzburg, mas não por todos os seus imitadores – é analisar a relação entre a comunidade e o mundo externo a ela. Em seu estudo da aldeia suábia de Laichingen, por exemplo, o micro-historiador alemão Hans Medick pôs especial ênfase na relação entre o local e o global. Alguns estudos posteriores estão renovando a micro-história ao se concentrar nesse tema.[27]

Um dos resultados mais interessantes da guinada micro-histórica foi a reabertura do debate sobre a explicação histórica. Por exemplo, as guerras civis que, no plano nacional, parecem conflitos de ideologia, se assemelham mais a rivalidades ou conflitos de interesse quando vistas no plano local.[28]

Um exemplo vívido desse tipo de explicação vem de um dos ensaios menos conhecidos do britânico J.H. Plumb. Plumb era um homem de Leicester, e quando foi convidado pelo editor dos volumes sobre Leicestershire, da *Victoria Country History*, para contribuir com um capítulo, ele aceitou, escrevendo sobre a história política do condado desde a Reforma até o final do século XIX. Plumb apresentou a história política de Leicestershire ao longo de quase quatro séculos como uma luta pelo poder entre duas famílias nobres, primeiro os Grey e os Hasting e depois os Grey e os Manner. Uma família apoiava Carlos I, a outra o Parlamento. Uma tornou-se tory, a outra escolheu os whigs. Uma apoiava os conservadores, a outra apoiava o Partido Trabalhista.[29]

No nível local, os interesses parecem suplantar as ideias. Podemos conciliar essa visão a partir de baixo, a partir da periferia, com a visão a partir de cima e do centro? Ou somos obrigados a seguir o exemplo dos físicos, que veem a luz alternativamente como ondas e como partículas?

Pós-colonialismo e feminismo

Como se sugeriu na seção anterior, uma das principais razões para a reação contra a grande narrativa da civilização ocidental consistiu na consciência cada vez maior daquilo que ela havia deixado de fora ou tornado invisível. A luta pela independência no Terceiro Mundo e o debate sobre a continuação da exploração econômica por parte dos países mais ricos chamaram a atenção para a força dos preconceitos coloniais e também para sua persistência em épocas "pós-coloniais". Esse foi o contexto cultural para a ascensão de uma teoria do pós-colonialismo – ou, mais exatamente, de teorias concorrentes entre si – que, mais tarde, assumiu a forma institucional de "estudos pós-coloniais", um grupo de tópicos interdisciplinares que incluía um pouco de história cultural.[30]

Um dos livros que mais contribuíram para revelar a força do preconceito ocidental foi *Orientalismo* (1978), de Edward Said. Esse estudo provocador chamava atenção para a importância da oposição binária entre Oriente e Ocidente no pensamento ocidental – descrevendo-a em termos que certamente devem alguma coisa ao exemplo de Lévi-Strauss – e argumentava que essa distinção entre "eles" e "nós" era perpetuada pelos especialistas acadêmicos que tinham por obrigação reduzi-la, os orientalistas profissionais. Said sugeriu também que, do final do século XVIII em diante, o orientalismo, de maneira manifesta ou latente, estava comprometido com o colonialismo, tornando-se "um estilo ocidental de dominar, reestruturar e ter autoridade sobre o Oriente".

Orientalismo analisava os vários esquemas pelos quais o Oriente Médio foi percebido por viajantes romancistas e acadêmicos ocidentais, e estereótipos como "atraso", "degeneração", "despotismo", "fatalismo", "luxo", "passividade" e "sensualidade". Trata-se de um livro enraivecido, um apelo apaixonado para que os estrangeiros vejam as culturas do Oriente Médio sem os antolhos da hostilidade ou da condescendência. Inspirou muitos estudos semelhantes, não apenas sobre a Ásia, a África ou as Américas, mas também sobre a Europa. Os pontos de vista ingleses sobre a Irlanda foram rotulados de "celtismo", enquanto, num interessante movimento contrário, os estereótipos relativos ao "Ocidente" foram designados como "ocidentalismo".[31]

Outra luta pela independência, o movimento feminista, teve implicações igualmente amplas para a história cultural, pois estava preocupada tanto em desmascarar os preconceitos masculinos como em enfatizar a contribuição feminina para a cultura, praticamente invisível na grande narrativa tradicional. Para um levantamento do que foi feito nesse campo em rápida expansão, podem-se examinar os cinco volumes de *História das mulheres no Ocidente* (1990-92), organizados pelos historiadores franceses Georges Duby e Michelle Perrot. A obra inclui muitos ensaios sobre história cultural – a educação das mulheres, por exemplo, as visões masculinas a respeito das mulheres, a piedade feminina, mulheres escritoras, livros sobre mulheres e assim por diante.

Para um estudo de caso dos efeitos das preocupações femininas sobre a prática histórica, podemos utilizar histórias do Renascimento. Embora as estudiosas venham há muito pesquisando as mulheres importantes desse período – o livro de Julia Cartwright sobre Isabella d'Este foi publicado em 1903 –, o artigo-manifesto de Joan Kelly, intitulado "Did women have a Renaissance?", tornou-se um marco nessa área ao colocar o problema em termos gerais.[32] Em sua esteira veio uma longa série de estudos sobre mulheres do Renascimento. Um desses grupos concentra-se em mulheres artistas do período e os obstáculos que encontraram ao longo de suas carreiras. Outro grupo com uma perspectiva semelhante preocupa-se com as mulheres humanistas, observando como era difícil para elas serem levadas a sério por seus colegas homens, ou mesmo encontrar algum tempo para estudar, quer casassem ou entrassem para um convento.

Passo a passo, as contribuições das mulheres ao campo de estudo que conhecemos como Renascença levaram à sua transformação, ou, como Kelly colocou, sua "redefinição".

Por exemplo, estudos referem-se agora a "escrita feminina" na Renascença, e não em "literatura". O ponto de distinção é a necessidade de olhar para além dos gêneros literários convencionais nos quais as mulheres não estão bem representadas. A ênfase agora está no que pode ser chamado de "formas informais" de escrita, tais como cartas pessoais. Além disso, como as mulheres – Isabella d'Este, por exemplo – eram mais proeminentes como patronas da arte renascentista que como artistas, o interesse por sua história encorajou a mudança geral de foco, que passou da produção para o consumo.[33]

Para um estudo de caso da história cultural das mulheres segundo o novo estilo, temos o livro de Caroline Bynum, *Holy Feast and Holy Fast* (1987), um estudo sobre o simbolismo dos alimentos no final da Idade Média, especialmente seu "ingresso no simbolismo religioso". A autora usa intensamente as obras de antropólogos como Mary Douglas, Jack Goody e Victor Turner. Ela argumenta que o alimento era um símbolo mais importante para as mulheres que para os homens, "uma preocupação obsessiva e dominante nas vidas e nos escritos das mulheres religiosas". Por exemplo, as mulheres "pensavam em Deus como alimento" e eram particularmente devotas à Eucaristia. Nesse estudo, inspirado por debates atuais sobre a anorexia, mas que toma muito cuidado em não projetar as atitudes contemporâneas sobre o passado, Bynum argumenta que o jejum feminino não era patológico, mas cheio de significados. Não se tratava apenas de uma forma de autocontrole, mas também de "uma maneira de criticar e controlar os que detinham autoridade".

Pode ser esclarecedor comparar e contrastar esse livro com os capítulos sobre religião do estudo de Huizinga sobre o final da Idade Média. Bynum põe mais ênfase na prática e nas mulheres. Ela também expressa uma atitude mais positiva quanto à proliferação do simbolismo, que Huizinga toma como sinal de decadência. Nesses aspectos, o livro de Bynum é um ótimo exemplo da chamada "nova história cultural", assunto do próximo capítulo.

4. Um novo paradigma?

O CAPÍTULO ANTERIOR SUGERE que o encontro entre historiadores e antropólogos inspirou algumas das inovações mais significativas da história cultural nas décadas de 1970 e 1980. As marcas deixadas pela antropologia em geral e por Geertz em particular ainda são visíveis, mas a chamada "nova história cultural" tem mais de uma fonte de inspiração. Ela é mais eclética, tanto no plano coletivo como no individual.

A expressão "nova história cultural" (NHC) entrou em uso no final da década de 1980. Em 1989, a historiadora norte-americana Lynn Hunt publicou um livro com esse nome que se tornou muito conhecido. A NHC tornou-se a forma dominante de história cultural – alguns até mesmo diriam a forma dominante de história – praticada nos Estados Unidos. Ela seguiu um novo "paradigma", no sentido do termo usado na obra de Thomas Kuhn sobre a estrutura das "revoluções" científicas, ou seja, um modelo para a prática "normal" da qual decorre uma tradição de pesquisa.[1]

A palavra "nova" serve para distinguir a NHC – como a *nouvelle histoire* francesa da década de 1970, com a qual tem muito em comum – das formas mais antigas já discutidas anteriormente (de agora em diante, o termo NHC vai ser usado para referir-se tanto ao estilo francês quanto ao estilo americano de história cultural). A palavra "cultural" distingue-a da história intelectual, sugerindo uma ênfase em mentalidades, suposições e sentimentos e não em ideias ou sistemas de pensamento. A diferença entre as duas abordagens pode ser verificada em termos do famoso contraste de Jane Austen entre "razão e sensibilidade". A irmã mais velha, a história intelectual, é mais séria e precisa, enquanto a caçula é mais vaga, contudo também mais imaginativa.

A palavra "cultural" também serve para distinguir a NHC de outra de suas irmãs, a história social. Um domínio em que o deslocamento na abordagem é em particular visível é a história das cidades. A história política das cidades, a "história municipal", como se pode chamar, vem sendo praticada desde o século XVIII, talvez antes. A história econômica e social das cidades tomou impulso nas décadas de 1950 e 1960. A história cultural das cidades seguiu uma terceira onda que se tornou visível com o livro *Viena, fin de siècle* (1979), de Carl Schorske, e com estudos posteriores. Schorske focaliza a alta cultura, mas coloca-a em um contexto urbano. Outros historiadores culturais estão mais preocupados com as subculturas urbanas, em particular com a cidade grande como palco que oferece muitas oportunidades para a apresentação ou mesmo a reinvenção do eu.[2]

O novo estilo de história cultural deve ser visto como uma resposta aos desafios já descritos, à expansão do domínio da "cultura" e à ascensão do que passou a ser conhecido como "teoria cultural". Por exemplo, o livro de Caroline Bynum discutido ao final do capítulo anterior é inspirado pela obra de feministas como Julia Kristeva e Luce Irigaray, que analisaram as diferenças entre o discurso masculino e o feminino. As teorias podem ser vistas como reação a problemas e também como reconceitualização deles. Certas teorias culturais fizeram com que os historiadores tomassem consciência de problemas novos ou até então ignorados, e, ao mesmo tempo, criassem por sua vez novos problemas que lhes são próprios.

A preocupação com a teoria é uma das características distintivas da NHC. Por exemplo, as ideias do filósofo-sociólogo alemão Jürgen Habermas sobre a ascensão da "esfera pública" burguesa na

França e na Inglaterra do século XVIII produziram uma batelada de estudos criticando-as e qualificando-as e também ampliando-as para outros períodos, outros países, novos grupos sociais (mulheres, por exemplo) e novos campos de atividade, tais como pintura ou música. Em vez de supor que uma esfera pública está ou presente ou ausente numa sociedade particular, revelou-se mais frutífero pensar em termos de uma arena de debate que é maior ou menor e envolve mais ou menos tipos de pessoas. A história dos jornais também desenvolveu-se em resposta às teses de Habermas.[3]

Também a ideia de Jacques Derrida de "suplemento", o papel da margem na formatação do centro, foi empregada pelos historiadores em diferentes contextos. A estudiosa norte-americana Joan Scott usou o termo para descrever a ascensão da história das mulheres, em que "as mulheres tanto foram acrescentadas à história" como "ocasionaram sua reescrita" (a exemplo das mulheres do Renascimento discutidas no Capítulo 3). De maneira semelhante, um estudo sobre a feitiçaria europeia argumenta que, no início da idade moderna, quando muitas pessoas se sentiam ameaçadas pelas feiticeiras, o sistema de crenças dependia precisamente do elemento que se tentava excluir.[4]

Quatro teóricos

Esta seção focaliza quatro teóricos cuja obra foi particularmente importante para os praticantes da NHC: Mikhail Bakhtin, Norbert Elias, Michel Foucault e Pierre Bourdieu. Vou resumir algumas de suas ideias principais e, depois, analisar as maneiras pelas quais foram utilizadas. Bakhtin foi um teórico da linguagem e da literatura cujas ideias também se tornaram relevantes para a cultura visual, enquanto os outros três foram teóricos sociais que trabalharam em uma época na qual as barreiras entre sociedade e cultura pareciam estar se dissolvendo, como vimos. A razão para discutirmos aqui os teóricos não é convencer os leitores a aceitarem suas ideias e simplesmente aplicá-las ao passado, mas encorajá-los a testar as teorias e, ao fazê-lo, investigar novos temas históricos ou reconceitualizar antigos.

As vozes de Mikhail Bakhtin

Mikhail Bakhtin, um dos teóricos culturais mais originais do século XX, foi descoberto pelos historiadores, pelo menos fora da Rússia, após a tradução para o francês e o inglês de seu livro *Cultura popular na Idade Média e no Renascimento* (1965). Na Rússia, ele foi uma das inspirações para a chamada "escola Tartu" de semiótica, da qual fazia parte Juri Lotman, discutido anteriormente. Os conceitos básicos empregados no livro sobre Rabelais – "carnavalização", "destronar", "linguagem do mercado" e "realismo grotesco", por exemplo – foram usados tantas vezes na NHC que hoje é difícil lembrar como conseguíamos trabalhar sem eles.

Por exemplo, em uma nova e esclarecedora abordagem da história da Reforma alemã e seus efeitos sobre a cultura popular da época, Bob Scribner utilizou a obra de Bakhtin sobre o carnaval e sobre os rituais de dessacralização, argumentando que as falsas procissões, por exemplo, eram usadas pelos reformadores como um modo dramático de mostrar às pessoas comuns que as imagens e relíquias católicas eram ineficientes.

Da França de Rabelais, essas ideias migraram para a Inglaterra do século XVIII, e da história da literatura para a história da arte (para estudos sobre Brueghel, por exemplo, ou sobre Goya). Já a visão de Bakhtin sobre a importância da subversão e a penetração da "alta" cultura pela "baixa", especialmente por meio do riso popular, corre – ou, pelo menos, corria – o risco de se transformar em nova ortodoxia, aceita sem crítica.[5]

Em contraste, as ideias igualmente interessantes de Bakhtin sobre gêneros de fala e sobre as diferentes vozes que podem ser ouvidas em um texto – o que ele chama de "polifonia", "poliglossia" ou "heteroglossia" – atraíram pouca atenção, em termos relativos, fora do mundo literário. É uma pena, porque sem dúvida alguma elas podem ajudar a entender o carnaval, por exemplo, como a expressão de muitas vozes diferentes – jocosas e agressivas, altas e baixas, masculinas e femininas –, em vez de reduzi-lo a uma simples expressão da subversão popular.

Mais uma vez, em uma época na qual a ideia de um eu sólido ou unitário é contestada, a noção da heteroglossia é de relevância óbvia para o estudo do que alguns historiadores chamam de "documentos-ego", em outras palavras, textos escritos em primeira pessoa. Um diário incluindo notícias de jornal ou um relato de viagem que incorpore trechos de guias turísticos são exemplos óbvios de coexistência ou mesmo de diálogo entre vozes diferentes.

A civilização de Norbert Elias

Norbert Elias foi um sociólogo que sempre se interessou por história e se preocupou com a "cultura" (literatura, música, filosofia e assim por diante) e com a "civilização" (a arte da vida cotidiana). *O processo civilizador* (1939), discutido no Capítulo 1, foi uma contribuição tanto para a teoria social quanto para a história.

Entre os conceitos centrais desse estudo está o de "fronteira da vergonha" (*Schamgrenze*) e "fronteira da repugnância" (*Peinlichkeitschwelle*). Segundo Elias, essas fronteiras foram gradualmente se estreitando nos séculos XVII e XVIII, excluindo assim da sociedade educada um número cada vez maior de formas de comportamento. Outro conceito básico é o de "pressão social pelo autocontrole" (*Soziale Zwang nach Selbstzwang*). Um círculo mais amplo de conceitos inclui "competição", "habitus" – termo que mais tarde Bourdieu tornou famoso – e "figuração", o padrão sempre mutante de relações entre as pessoas, que Elias comparou a uma dança.

Publicado pela primeira vez na Suíça, em alemão, no ano de 1939, *O processo civilizador* despertou pouco interesse na época, mas da década de 1960 em diante teve influência cada vez maior sobre antropólogos históricos como Anton Blok, historiadores culturais como Roger Chartier e mesmo sobre historiadores da arte e da ciência. O uso crescente do termo "civilidade" na obra de historiadores de fala inglesa é um indicador da importância cada vez maior de Elias, mesmo que o conhecimento de sua obra esteja praticamente restrito a seus estudos sobre a corte e sobre a mesa de jantar, deixando de lado seus livros sobre esportes, o tempo e o contraste entre as pessoas estabelecidas e as que estão excluídas.[6]

O processo civilizador foi também alvo de inúmeras críticas: por virtualmente deixar de lado a Idade Média, por exemplo, por não falar muito da Itália e de sexo, e por superestimar a influência das cortes e subestimar a das cidades. A explícita suposição do autor de que "civilização" é um fenômeno fundamentalmente ocidental também acabou por parecer muito estranha. Pode-se resumir a reação dos historiadores culturais às ideias de Elias dizendo que muitas vezes eles criticam sua interpretação da história, mas acham que sua teoria social e cultural é muito boa como ferramenta de pesquisa.[7]

Os regimes de Michel Foucault

Se Elias enfatizava o autocontrole, Foucault chamava a atenção para o controle sobre o eu, especialmente o controle sobre os corpos exercido pelas autoridades. Michel Foucault – que primeiro foi filósofo e se tornou historiador, depois historiador das ideias que se tornou historiador social – fez sua reputação com uma série de livros sobre a história da loucura, da clínica, dos sistemas intelectuais, da vigilância e da sexualidade.[8] No que se refere à NHC, três de suas ideias tiveram especial influência.

Em primeiro lugar, Foucault foi um crítico severo das interpretações teleológicas da história em termos de progresso, evolução ou crescimento da liberdade e do individualismo, apresentadas por Hegel e por outros filósofos do século XIX e que muitas vezes, na prática cotidiana dos historiadores, eram adotadas sem questionamento. Sua abordagem em termos de "genealogia", um termo que ele tomou de Nietzsche, destaca os efeitos dos "acidentes" em lugar de traçar a evolução das ideias ou as origens do atual sistema.

Foucault também chamou atenção para as descontinuidades culturais, ou "rupturas", por exemplo a mudança na relação entre as palavras e as coisas em meados do século XVII, a "invenção" da loucura também nesse século e da sexualidade no século XIX. Em todos esses casos, o que Kuhn chamaria de novo "paradigma" substituiu com relativa rapidez um outro anterior. A ênfase em muitas contribuições à NHC sobre a construção cultural, que será discutida mais adiante, deve muito ao exemplo de Foucault.

Em segundo lugar, Foucault encarava os sistemas de classificação (ou como ele os chamava, "epistemes" ou "regimes de verdade") como expressões de uma dada cultura e, ao mesmo tempo, forças que lhe dão forma. Ele se definia como "arqueólogo", porque achava a obra dos historiadores superficial, sendo necessário cavar mais fundo para chegar às estruturas intelectuais ou, como preferia chamar, "redes" (*réseaux*) e "grades" (*grilles*). A ideia de "grades", como a de "filtro" intelectual, empregada por Carlo Ginzburg, era sugerir que as estruturas admitiam algumas informações e excluíam as demais.

Na aula inaugural *A ordem do discurso* (1971), após sua indicação para uma cadeira sobre "a história dos sistemas de pensamento" no Collège de France, Foucault definiu seu objetivo como o estudo do controle do pensamento, incluindo os modos como certas ideias ou temas são excluídos de um sistema intelectual. De seus quatro estudos mais substantivos, três estavam preocupados com a exclusão de certos grupos (loucos, criminosos e desviantes sexuais) das ordens intelectuais e sociais que se viam por eles ameaçadas. Em contraste, *A ordem das coisas* (1966) trata das categorias e dos princípios subjacentes e organizadores de tudo o que possa ser pensado, dito ou escrito em um dado período, no caso, os séculos XVII e XVIII; em outras palavras, os "discursos" do período. Nessa obra, Foucault sugeriu que tais discursos coletivos, mais que os escritores individualmente, são o objeto adequado de estudo, o que chocou alguns leitores, mas inspirou outros. Seu conceito de discurso foi uma das principais inspirações para o *Orientalismo* de Said. O problema para os possíveis seguidores de Foucault é que essa noção central de discurso, como a noção de paradigma para Kuhn, ou a noção de classe para Marx, é ambígua. Para colocar as coisas de maneira crua, quantos discursos havia na França do século XVIII? Três, trinta ou trezentos?

Em terceiro lugar, Foucault escreveu uma história intelectual ou cultural que incluía tanto práticas como teorias, tanto corpos como mentes. Seu conceito de práticas está ligado a uma ênfase no que ele chamava de "microfísica" do poder, ou seja, de políticas no nível micro. As "práticas discursivas", afirmava ele, constroem ou constituem os objetos de que se fala, e, em última análise, a cultura ou a sociedade como um todo, enquanto "o olhar" (*le regard*) era uma expressão da "sociedade disciplinar" moderna.

Em *Vigiar e punir* (1975), o autor apresentava uma série de paralelos entre prisões, escolas, fábricas, hospitais e quartéis como instituições produtoras de "corpos dóceis". A organização espacial das salas de aula, por exemplo, assim como a dos pátios dos quartéis e das fábricas, facilitava o controle pela vigilância. Numa passagem famosa, ele descreveu o "panóptico", plano de uma prisão ideal preparado pelo reformador do século XIX Jeremy Bentham, concebido de tal modo que as autoridades podiam ver tudo, mantendo-se elas próprias invisíveis.

Os usos de Pierre Bourdieu

Diferentemente de Elias e Foucault, Bourdieu, filósofo que se transformou em antropólogo e sociólogo, não escreveu história, embora tivesse um bom conhecimento do assunto e fizesse muitas observações perspicazes sobre a França do século XIX. No entanto, os conceitos e teorias que produziu em seus estudos, primeiro sobre os berberes e depois sobre os franceses, são de grande relevância para os historiadores culturais. Incluem o conceito de "campo", a teoria da prática, a ideia de reprodução cultural e a noção de "distinção".[9]

O conceito de "campo" (*champ*) – literário, linguístico, artístico, intelectual ou científico – refere-se a um domínio autônomo que, em dado momento, atinge a independência em uma determinada cultura e produz as próprias convenções culturais. Até agora a ideia de campo cultural não atraiu muitos historiadores, mas especialistas em literatura francesa e estudiosos da ascensão dos intelectuais consideraram o conceito muito esclarecedor.

Uma teoria de Bourdieu que teve maior influência foi o que ele chama de "reprodução cultural", processo pelo qual um grupo, como por exemplo a burguesia francesa, mantém sua posição na sociedade por meio de um sistema educacional que parece ser autônomo e imparcial, embora na verdade selecione para a educação superior alunos com as qualidades que lhes são inculcadas desde o nascimento naquele grupo social.

Outra contribuição importante de Bourdieu é sua "teoria da prática", especialmente o conceito de "habitus". Reagindo contra o que ele considerava uma rigidez da ideia de regras culturais na obra de estruturalistas como Lévi-Strauss, Bourdieu examinou a prática cotidiana em termos de improvisação sustentada numa estrutura de esquemas inculcados pela cultura tanto na mente como no corpo (entre as expressões que ele usava estão *schéma corporel* e *schème de pensée*). O termo "habitus" foi tomado do historiador da arte Erwin Panofsky (que, por sua vez, o havia tomado dos filósofos escolásticos) para designar essa capacidade de improvisação.[10] Na França, por exemplo, segundo Bourdieu, o habitus burguês é coerente com as qualidades valorizadas e privilegiadas pelo sistema de educação superior. Por essa razão, os filhos da burguesia são bem-sucedidos nos exames, parecendo fazê-lo muito "naturalmente".

Bourdieu usou bastante uma metáfora abrangente tirada da economia e analisou a cultura em termos de bens, produção, mercado, capital e investimento. Suas expressões "capital cultural" e "capital simbólico" entraram na linguagem cotidiana de sociólogos, antropólogos e de pelo menos alguns historiadores.

Bourdieu também empregou a metáfora militar de "estratégia" não apenas em sua análise dos casamentos camponeses, mas também nos estudos sobre a cultura. Quando a burguesia não investe seu capital cultural de maneira que lhe dê mais vantagens, ela emprega estratégias de distinção, usando a música de Bach ou Stravinsky, por exemplo, como forma de se diferenciar de grupos que considera "inferiores". Como coloca Bourdieu: "A identidade social está na diferença, e a diferença é afirmada contra aquilo que está mais perto, que representa a maior ameaça."

Como no caso de Elias, não foram as teorias relativamente abstratas do campo ou da reprodução que atraíram os historiadores culturais, mas sim as contundentes observações sobre os estilos burgueses de vida, especialmente a busca ou a batalha pela "distinção". A teoria geral, porém, também tem algo a oferecer aos historiadores que desejem não apenas descrever, mas sim analisar. Ainda que criticada como muito determinista ou reducionista, ela nos obriga a reexaminar nossas suposições tanto sobre a tradição como sobre a mudança cultural.

Juntos, esses quatro teóricos levaram os historiadores culturais a se preocuparem com as representações e as práticas, os dois aspectos característicos da NHC segundo um de seus líderes, Roger Chartier.

Práticas

"Práticas" é um dos paradigmas da NHC: a história das práticas religiosas e não da teologia, a história da fala e não da linguística, a história do experimento e não da teoria científica. Graças a essa virada em direção às práticas, a história do esporte, que antes era tema de amadores, tornou-se profissionalizada, um campo com suas próprias revistas, como *International Journal for the History of Sport*.

Paradoxalmente, a história das práticas é uma das áreas dos escritos históricos mais afetadas pela teoria social e cultural. Na perspectiva das práticas, Norbert Elias, cujo interesse pela história das maneiras à mesa parecia excêntrico há pouco tempo, agora está solidamente inserido na corrente principal das ideias. O trabalho de Bourdieu sobre a distinção inspirou muitos estudos a respeito da história do consumo, enquanto a ideia de Foucault sobre uma sociedade disciplinar em que eram adotadas novas práticas para reforçar a obediência foi adaptada para estudar outras partes do mundo.

Em *Colonising Egypt* (1988), por exemplo, Timothy Mitchell usa tanto Foucault como Jacques Derrida, outro teórico francês, em sua discussão sobre as consequências culturais do colonialismo do século XIX. Com Foucault, Mitchell aprendeu a discutir o "olhar" europeu e a buscar paralelos entre o desenvolvimento de diferentes domínios, como o exército e a educação, com foco, em ambos os casos, na importância da disciplina. De Derrida vem a ideia do significado como "jogo da diferença", central em um capítulo que trata do efeito da imprensa, introduzida no Egito por volta do ano de 1800, sobre a prática da escrita.

A história da linguagem, mais especialmente a história da fala, é outro campo que a história cultural das práticas está começando a colonizar, ou, mais exatamente, a partilhar com os sociolinguistas, que já estavam conscientes da necessidade de dar uma dimensão histórica aos estudos da linguagem. A polidez é um domínio da fala que atraiu os historiadores culturais, enquanto o insulto os atraiu ainda mais.[11]

A prática religiosa há muito vem sendo uma preocupação dos historiadores da religião, mas o crescente volume de trabalhos sobre meditação e peregrinação (hindu, budista, cristã ou muçulmana) sugere uma mudança de ênfase. Ruth Harris, por exemplo, vê a peregrinação a Lourdes em seu contexto político, como um movimento nacional de penitência que começou na década de 1870 como reação à derrota da França na guerra franco-prussiana. Sob a influência de antropólogos como Victor Turner, as peregrinações têm sido estudadas como rituais de iniciação e como fenômenos liminares. Os participantes são vistos como se estivessem suspensos entre seu mundo cotidiano e o mundo em que desejam entrar, abandonando seus papéis sociais normais e fundindo-se na comunidade peregrina.[12]

A história da viagem é ainda outro exemplo do estudo de uma prática que passou por uma espécie de *boom*, marcado pela fundação de revistas especializadas, como o *Journal of Travel Research*, e pela publicação de um número cada vez maior de livros monográficos ou coletivos. Alguns desses trabalhos estão especialmente preocupados com a arte ou o método da viagem, as regras do jogo. Tratados sob esse aspecto vêm sendo publicados na Europa desde o final do século XVI, aconselhando seus leitores a copiar epitáfios em igrejas e cemitérios, por exemplo, ou a pesquisar as formas de governo e as maneiras e costumes dos lugares visitados.[13]

A história das práticas também teve impacto sobre campos relativamente tradicionais da história cultural, como o estudo do Renascimento. O humanismo, por exemplo, costumava ser definido em termos de suas ideias-chave, como a crença na "dignidade do homem". Hoje, é mais provável que seja definido em termos de um conjunto de atividades, como a cópia de inscrições, a tentativa de escrever e falar no estilo de Cícero, o esforço para eliminar de textos clássicos as corrupções introduzidas por gerações de copistas e o hábito de colecionar moedas antigas.

As coleções são um tema da história das práticas que atrai os historiadores da arte e da ciência e as equipes de galerias e museus. *The Journal of the History of Collections* foi fundado em 1989, e um grande número de estudos importantes sobre os "gabinetes de curiosidades", museus e galerias de arte também apareceu naquela década. O foco principal está no que foi descrito como a "cultura da coleção". Os acadêmicos vêm estudando o que era colecionado (moedas, conchas e assim por diante), a filosofia ou psicologia do ato de colecionar, a organização das coleções, suas categorias básicas (a teoria subjacente à prática) e, finalmente, o acesso às coleções, em geral de propriedade privada antes da Revolução Francesa, mas que desde então se tornaram cada vez mais públicas.[14]

Como estudo de caso nesse campo, pode ser esclarecedor deixar o Ocidente e ir para a China do período Ming, descrita por Craig Clunas em seu livro *Superfluous Things* (1991). O título vem de *Treatise on Superfluous Things*, escrito no começo do século XVII pelo nobre e estudioso Wen Zhenheng. O sentido do adjetivo, *superfluous*, era ressaltar que a preocupação com o supérfluo consistia num sinal de que alguém podia se dar ao luxo de não se preocupar com o necessário, em outras palavras, essa pessoa pertencia a uma elite, a uma "classe ociosa". O tratado de Wen faz parte de uma tradição chinesa de livros sobre o conhecimento do bom gosto que discutem temas como o modo de distinguir as antiguidades genuínas das falsas, ou como evitar a vulgaridade (o exemplo típico são as mesas ornamentadas com dragões de madeira). Recorrendo a Bourdieu, Clunas argumenta que "a constante afirmação da diferença entre as coisas no *Treatise* é nada mais, nada menos que uma afirmação da diferença entre as pessoas como consumidores de coisas", particularmente da diferença entre os nobres dedicados ao estudo e os novos-ricos.

A guinada para a história das práticas cotidianas é ainda mais óbvia na história da ciência. Antes vista como uma forma de história intelectual, agora está mais preocupada com o significado de atividades como a experimentação. A atenção vem sendo deslocada dos indivíduos heroicos e suas grandes ideias para as mudanças nos métodos do que Thomas Kuhn chamou de "ciência normal", encontrando lugar para incluir as contribuições dos artesãos que fizeram os instrumentos científicos e dos assistentes de laboratório que, na verdade, realizaram os experimentos.[15]

A história da leitura

Uma das formas mais populares da história das práticas é a história da leitura, definida, por um lado, em contraste com a história da escrita, e, por outro, com a precedente "história do livro" (o comércio de livros, a censura e assim por diante). A teoria cultural de Michel de Certeau (discutida adiante) enfatiza o novo foco sobre o papel do leitor, sobre mudanças nas práticas de leitura e nos "usos culturais" da imprensa. Historiadores da leitura como Roger Chartier originalmente avançaram em linhas paralelas à crítica literária preocupada com a "recepção" das obras de literatura, mas após alguns anos os dois grupos tomaram conhecimento um do outro.[16]

As reações dos leitores aos textos, estudadas por meio de suas anotações à margem e de seus sublinhados, ou, no caso de Menocchio, de Carlo Ginzburg, discutido anteriormente, pelos interrogatórios da Inquisição, tornaram-se um tópico popular de pesquisa. Por exemplo, as muitas cartas escritas pelos leitores para Jean-Jacques Rousseau após a publicação de seu romance *A nova Heloísa* foram estudadas por Robert Darnton. Esse antigo exemplo de cartas de fãs está cheio de referências às lágrimas provocadas pelo romance.

Há também um corpo de trabalhos sobre as leitoras e seus gostos literários. John Brewer analisou o diário – que se estende por 17 volumes – de uma inglesa do século XVIII, Anna Margaretta Larpent, observando "sua predileção por autoras mulheres e por obras com protagonistas femininos". Já se argumentou também que a ascensão, no século XVIII, da história das maneiras e dos costumes e da "história da sociedade", inclusive a história das mulheres, em detrimento da história política e militar, foi em parte uma reação à crescente feminização do público leitor.

No Ocidente, os principais tópicos de interesse e debate na história da leitura incluem três mudanças ou deslocamentos aparentes: da leitura em voz alta para a leitura silenciosa; da leitura em público para a leitura privada; e da leitura lenta ou intensiva para a leitura rápida ou "extensiva", a chamada "revolução da leitura" do século XVIII.

Argumenta-se que, como o crescente número de livros tornou impossível para qualquer indivíduo ler mais que uma fração do total, os leitores reagiram inventando novas táticas, como selecionar, pular partes ou consultar o sumário ou índice para obter informações de um livro sem ter de lê-lo do começo ao fim. A ênfase sobre uma mudança súbita talvez seja exagerada, e é mais provável que os leitores usassem mais de um desses diferentes estilos de leitura, segundo o livro ou a ocasião.[17]

No entanto, os anos em torno de 1800 foram um divisor de águas na história da leitura, pelo menos na Alemanha. É o que argumenta um estudo bastante original que examina – entre outros aspectos – as mudanças na iluminação, na mobília e na organização do dia (dividido mais claramente que antes em horas de trabalho e horas de lazer), bem como a ascensão de um modo mais enfático de leitura, especialmente no caso das obras de ficção.[18]

Historiadores do Leste da Ásia e do século XX também se voltaram para a história da leitura ao estudar o impacto do mercado na Rússia, na década de 1990, sobre um sistema de produção de livros originalmente organizado segundo linhas comunistas ou que eram adaptados a partir do estudo das "culturas do livro" de Japão e China, com sistemas de escrita, gêneros literários e hábitos de leitura muito diferentes dos ocidentais.

Um estudo dos livros e da cultura dos literatos na China imperial discute a circulação de livros e sua falha, citando o provérbio: "Emprestar um livro é estupidez; pior ainda é devolvê-lo." Outro estudo, dessa vez feito no Japão, enfatiza o que o autor chama de "uma pacífica revolução no conhecimento", no começo do período moderno, graças à multiplicação de livros de referência, tais como dicionários, enciclopédias e bibliografias, disseminando a informação e contribuindo para o surgimento da consciência nacional.[19]

Representações

Certa vez, Michel Foucault criticou os historiadores pelo que chamou de sua "ideia empobrecida do real", que não deixava lugar para o que é imaginado. Desde então, muitos importantes historiadores franceses reagiram a essa provocação. Exemplo famoso desse tipo de história é o livro *As três ordens* (1978), do historiador francês Georges Duby, um estudo sobre as circunstâncias que cercam a construção da famosa imagem medieval da sociedade como composta de "três estados": os que rezam, os que lutam e os que trabalham (ou lavram) – em outras palavras, o clero, a nobreza e o "terceiro estado". Duby apresenta essa imagem não como simples reflexo da estrutura social medieval, mas como uma representação, com o poder de modificar a realidade que parece refletir.

Outra contribuição para história do que os franceses chamam de *l'imaginaire social* (o imaginário social, isto é, qualquer coisa que seja imaginada, mais do que o puramente imaginário) é o livro de Jacques Le Goff, *O nascimento do purgatório* (1981). Le Goff explica a ascensão da ideia de purgatório na Idade Média relacionando-a às mudanças nas concepções de espaço e tempo. Le Goff também foi um dos estudiosos que lançaram a história dos sonhos, no começo da década de 1970, inspirados pelos estudos sobre os sonhos realizados por antropólogos e sociólogos.[20] Os trabalhos sobre visões e fantasmas também foram encorajados pela nova preocupação com o papel ativo da imaginação, enfatizando as combinações criativas de elementos oriundos de pinturas, contos populares e rituais.[21]

Em inglês, pelo contrário, a expressão *the history of imagination* ("história da imaginação") ainda não está plenamente estabelecida, apesar do sucesso do estudo de Benedict Anderson, em 1983, sobre as nações como "comunidades imaginadas", discutido mais à frente. Uma expressão mais comum é *the history of representations* ("a história das representações").

Tantas formas de representação – sejam elas literárias, visuais ou mentais – foram estudadas nas últimas duas ou três décadas que mesmo uma simples lista transformaria esta seção em capítulo. Há histórias das representações da natureza, como *Man and the Natural World* (1983), de Keith Thomas, que mapeia as mudanças nas atitudes inglesas entre 1500 e 1800, enfatizando a "revolução" que tirou os seres humanos do centro do mundo natural e a ascensão do amor pelos animais e pela natureza selvagem.

Além disso, existem histórias das representações da estrutura social, como a dos três estados, de Duby; representações do trabalho, incluindo as mulheres trabalhadoras; representações das mulheres como deusas, prostitutas, mães ou feiticeiras; e representações do "outro" (dos judeus pelos gentios, dos brancos pelos negros e assim por diante). Imagens literárias e visuais dos santos tornaram-se um importante foco de interesse na história do catolicismo na década de 1980. Como observou um dos primeiros estudiosos do assunto, "a santidade, talvez mais que qualquer outra coisa na vida social, está no olhar do observador".[22]

Representations é o título de uma revista interdisciplinar fundada em Berkeley em 1983. Entre as primeiras contribuições que recebeu estão artigos de Greenblatt sobre imagens dos camponeses alemães do século XVI, da historiadora da arte Svetlana Alpers sobre a leitura que Foucault faz de um quadro de Velázquez e dos historiadores Peter Brown (sobre santos), Thomas Laqueur (sobre funerais) e Lynn Hunt (sobre a "crise de representações" na Revolução Francesa).

No campo literário, *Orientalismo*, de Said, está preocupado essencialmente com representações do chamado "outro", em particular imagens do "Oriente" no Ocidente. Como já foi dito, os estudos sobre a história das viagens muitas vezes focalizam as maneiras estereotipadas pela qual uma cultura não familiar é percebida e descrita e o "olhar" do viajante, diferenciando o olhar imperial, o feminino, o pitoresco e outros tipos. Pode-se mostrar que alguns viajantes haviam lido sobre o país antes de nele porem os pés e que, ao chegar, viram o que haviam aprendido a esperar.

Os relatos sobre a Itália feitos por viajantes estrangeiros nos séculos XVII e XVIII são exemplos marcantes de estereotipia, repetindo lugares-comuns sobre, por exemplo, os *lazzaroni* de Nápoles, homens pobres que se deitavam ao sol sem aparentemente fazer nada. O topo do mundo virado de cabeça para baixo tem atraído os viajantes desde os dias de Heródoto, como uma maneira de organizar suas observações. Por exemplo, o puritano escocês Gilbert Burnet, bispo de Salisbury, viu a Itália, por onde viajou na década de 1680, como uma terra de superstição, tirania, ociosidade e papismo, em outras palavras, exatamente o oposto do Iluminismo, liberdade, diligência e protestantismo que ele atribuía à Grã-Bretanha.[23]

Orientalismo na música

Para um estudo de caso na história das representações, podemos abordar a musicologia, outra disciplina em que alguns praticantes agora se definem como historiadores culturais. A maneira pela qual alguns musicólogos reagiram ao *Orientalismo*, de Said – estudo escrito por um crítico literário e inspirado por um filósofo –, oferece uma ilustração clara dos contatos interdisciplinares, ou "negociações", que ocorrem sob o amplo guarda-chuva da história cultural.

Os historiadores da arte reagiram ao livro de Said na década de 1980, e os historiadores da música, na década de 1990. O próprio Said, apesar de seu entusiasmo por ópera, esperou até 1993 para dar sua própria contribuição a essa área: uma discussão sobre *Aída*, de Verdi, em que sugere que a obra confirma a imagem ocidental do Oriente como "um lugar essencialmente exótico, distante e antigo, onde os europeus podem ostentar certo poder".[24]

Dois estudos recentes aprofundam ainda mais esse tema, apontando para suas complexidades. O trabalho de Ralph Locke sobre

Sansão e Dalila, de Saint-Saëns, observa que o mundo da Bíblia foi identificado com o Oriente Médio do século XIX, permitindo ao compositor dar à sua ópera alguma cor local, ou, mais exatamente, um som local. Saint-Saëns apresenta o outro – especialmente o outro feminino, Dalila – de maneira convencional, como assustadora e sedutora, mas lhe dá também uma grande ária romântica, subvertendo assim "o binarismo caracteristicamente orientalista do enredo dessa ópera".[25]

O estudo de Richard Taruskin sobre o orientalismo musical na Rússia do século XIX revela um paradoxo. Evocações de músicas exóticas como "Nas estepes da Ásia Central", de Borodin, ou as "Danças das jovens escravas persas", de Mussorgsky, supõem uma oposição binária entre o russo e o oriental (homem e mulher, senhor e escravo). No entanto, quando Diaghilev levou essa música a Paris, o público francês achou que tais sons orientais fossem tipicamente russos.[26]

A história da memória

Outra forma de NHC que gozou de um notável surto de expansão é a história da memória, algumas vezes descrita como "memória social" ou "memória cultural". O interesse acadêmico pelo tema foi revelado e encorajado pelo lançamento, entre 1984 e 1993, dos sete volumes publicados pelo editor e acadêmico Pierre Nora com o título *Les lieux de mémoire*, dedicados à "memória nacional" na França, tal como mantida ou reformulada por livros como a enciclopédia Larousse, por edificações como o Panthéon, por práticas como a comemoração anual da tomada da Bastilha no dia 14 de julho, e assim por diante.[27] Em contraste, até hoje foram muito menos numerosas as pesquisas sobre a amnésia social ou cultural, um aspecto mais esquivo, porém não menos importante.[28]

Projetos coletivos e de muitos volumes, parecidos com o de Nora, foram desde então publicados na Itália, Alemanha e outros lugares. Mais que os livros, filmes e programas de televisão mostram, há um forte interesse popular pelas memórias históricas. Esse interesse cada vez maior provavelmente é uma reação à aceleração das mudanças sociais e culturais que ameaçam as identidades, ao separar o que somos daquilo que fomos. Em um nível mais específico, o crescente interesse por memórias do Holocausto e da Segunda Guerra Mundial ocorre em um tempo em que esses acontecimentos traumáticos estão deixando de fazer parte da memória viva.

Como a história da viagem, a história da memória é um campo que revela com rara clareza a importância dos esquemas ou estereótipos, já destacada pelo psicólogo Frederick Bartlett em seu livro *Remembering* (1932). À medida que os acontecimentos retrocedem no tempo, perdem algo de sua especificidade. Eles são elaborados, normalmente de forma inconsciente, e assim passam a se enquadrar nos esquemas gerais correntes na cultura. Esses esquemas ajudam a perpetuar as memórias, sob custo, porém, de sua distorção.

Tomemos o caso dos protestantes do sul da França, por exemplo, estudados por um historiador que faz parte dessa comunidade, Philippe Joutard. Ele mostra como, em uma cultura impregnada pelas Escrituras, as memórias da perseguição da comunidade protestante pelos católicos foram contaminadas ou mesmo moldadas por histórias bíblicas de perseguição ao povo escolhido, chegando mesmo às marcas feitas na porta das casas cujos habitantes deveriam ser massacrados. Lendo o relato de Joutard é difícil não pensar no Holocausto, acontecimento traumático também lembrado em uma estrutura bíblica, já que o termo "holocausto" significa "queimar a oferenda" (um ensaio perceptivo do Holocausto de um ponto de vista cultural foi escrito por Inga Clendinnen).[29]

Da mesma forma, as memórias britânicas dos sofrimentos nas trincheiras da Primeira Guerra Mundial foram moldadas por lembranças de *O peregrino*, de John Bunyan, um livro ainda muito lido na época. Como disse o crítico americano Paul Fussell, "as experiências do *front* pareciam estar disponíveis para interpretação quando se percebeu que partes delas se pareciam muito com a ação de *O peregrino*, assim como a lama das trincheiras se assemelhava ao Lodaçal do Desespero. Por sua vez, as memórias da Segunda Guerra Mundial foram condicionadas pelo conhecimento da Primeira Guerra.[30]

Esses exemplos do efeito dos livros – provavelmente lidos em voz alta e em grupo – sobre os processos de memória são notáveis, mas é claro que esta não é transmitida ou moldada apenas pela leitura. A Irlanda de hoje, do Norte e do Sul, é famosa – alguns diriam mesmo notória – pelo poder das memórias de acontecimentos passados, reforçados pelo trauma da guerra civil, evocados por lugares como Drogheda e Derry e reencenados nas paradas anuais das ligas de Orange e da Antiga Ordem dos Hibérnicos. Nos muros de Belfast, pichações exortam o passante: "Lembre-se de 1690."

Nesse contexto irlandês, a famosa observação de Geertz sobre a "história que eles contam sobre si mesmos", citada anteriormente, parece problemática. Católicos e protestantes não contam as mesmas histórias para si mesmos. Um lado erige estátuas, o outro as derruba, seguindo o que já foi descrito como uma "bem estabelecida tradição de descomemoração explosiva". As memórias de conflitos também são conflitos de memória.[31]

No interior de cada comunidade religiosa, a observação de Geertz ainda pode ser válida, mas é necessário fazer a grande pergunta social: "De que memória estamos falando?" Homens e mulheres, ou a velha e a nova geração, podem não se lembrar do passado da mesma maneira. Em uma dada cultura, as memórias de um grupo podem ser dominantes, e as de outros, subordinadas, como no caso de vencedores e derrotados em uma guerra civil – na Finlândia de 1918, por exemplo, ou na Espanha de 1936-39.

Cultura material

Tradicionalmente, os historiadores culturais atribuíram menos atenção à cultura material que às ideias, deixando aquele campo aos historiadores econômicos. As páginas que Norbert Elias dedicou à história do garfo e do lenço em seu livro sobre o processo civilizatório eram incomuns naquele tempo. Por sua vez, os historiadores econômicos costumavam deixar de lado os aspectos simbólicos de alimentos, roupas e habitações, examinando em vez disso os níveis de nutrição e a parcela da renda individual destinada a diferentes bens. Até mesmo o famoso estudo de Fernand Braudel sobre o começo do mundo moderno, *Civilização material, economia e capitalismo* (1979) – ou, para usar suas próprias palavras, *civilisation matérielle* –, pode ser criticado – e o foi – por essa mesma razão, apesar de sua importância como análise comparativa do movimento de objetos entre diferentes áreas de cultura.

Nas décadas de 1980 e 1990, porém, alguns historiadores culturais voltaram-se para o estudo da cultura material, e assim se viram próximos dos arqueólogos, curadores de museus e especialistas em história do vestuário e do mobiliário, que há muito vinham trabalhando nesse campo. Os historiadores da religião, por exemplo, começaram a prestar maior atenção às mudanças no mobiliário das igrejas como indicadores de transformação nas atitudes religiosas. Na década de 1960, o historiador social britânico Asa Briggs escreveu livros como *Victorian People* e *Victorian Cities*. Em 1988, sua virada cultural foi revelada pela publicação de *Victorian Things*, embora o livro estivesse planejado muito tempo antes.

Mesmo os historiadores da literatura voltaram-se para essa direção, estudando pichações ou comparando sonetos a miniaturas, tomando ambos como demonstrações privadas de amor. O neozelandês Don McKenzie, que redefiniu a bibliografia como forma de história cultural em seu *Bibliography and the Sociology of Texts* (1986), chamou atenção para a necessidade de estudar as "formas materiais dos livros", "os detalhes sutis de tipografia e diagramação", argumentando que elementos não verbais, entre eles "a própria disposição do espaço", eram portadores de significado. Na linguagem do teatro, outro tema de interesse para McKenzie, pode-se dizer que a aparência física da página impressa funciona como uma série de deixas para os leitores, encorajando-os a interpretar o texto de uma maneira e não de outra. Uma observação similar poderia ser feita sobre os manuscritos. Manuscritos medievais foram de fato estudados a partir desse ponto de vista pelo paleógrafo italiano Armando Petrucci.[32]

A maioria dos estudos sobre cultura material enfatiza o clássico trio de temas – alimentos, vestuário e habitação – e muitas vezes focaliza a história do consumo. Da história social do consumo, centrada em tentativas de exibir ou atingir status, houve um movimento para uma história mais cultural, com maior ênfase sobre a identidade e a imaginação, misturadas um pouco com uma advertência, e estimulando o desejo de bens. A relação entre a "cultura do consumidor" de hoje e o interesse pelo consumo passado é óbvia, mas os historiadores desse campo geralmente estão bem conscientes dos perigos do anacronismo.[33]

Uma contribuição exemplar à história dos alimentos foi feita pelo antropólogo americano Sidney Mintz em *Sweetness and Power: the Place of Sugar in Modern History* (1985). A história de Mintz é social e cultural. É social na preocupação com o consumidor e com a transformação do açúcar, de artigo de luxo para os ricos em artigo básico de consumo cotidiano para as pessoas comuns, usado no café ou no chá. Por outro lado, *Sweetness and Power* é cultural em sua abordagem do aspecto simbólico do açúcar. Esse poder simbólico era maior quando o açúcar constituía um luxo que distinguia seus consumidores da massa da população, mas à medida que a mercadoria descia na escala social eram-lhe dados novos significados, e ela era incorporada em novos rituais sociais.

Em *La culture des habits* (1989), o historiador francês Daniel Roche voltou-se para a história das roupas, por achar que "elas nos dizem muito sobre as civilizações". Códigos de vestuário revelam códigos culturais. "Por trás do vestuário", observa Roche, "é possível encontrar estruturas mentais." Na França do século XVIII, por exemplo, conformar-se a um determinado código de vestuário era uma maneira de identificar-se como nobre, ou de tentar passar por um. Escolher uma roupa era escolher um papel naquilo que o historiador chama de "teatro indumentário" da época. Roche chega a fazer uma conexão entre a "revolução das roupas" e a Revolução Francesa, vista como a ascensão da "liberdade, igualdade e frivolidade". Ele leva a frivolidade a sério, porque o cuidado com a roupa na imprensa feminina do final do século XVIII significava que a moda "já não era exclusividade dos privilegiados".[34]

Como estudo de caso da história da habitação, pode-se tomar a história do antropólogo sueco Orvar Löfgren sobre a casa burguesa na Suécia do século XIX, em *Culture Builders* (1979). O livro combina a etnografia sueca tradicional em que Löfgren e o coautor Jonas Frykman foram formados com ideias tiradas de Elias e Foucault. *Culture Builders* observava o deslocamento da "austeridade" para a "opulência", no final do século XIX, e argumentava que a mudança aconteceu porque a casa "se tornou o palco em que a família ostentava sua riqueza e exibia sua posição social". O mobiliário e a decoração, especialmente da sala de visitas, apoiavam a autoapresentação da família para os visitantes. Os leitores que se lembram da imagem da casa da família Ekdahl em Upsala por volta de 1900, representada no filme de Ingmar Bergman *Fanny e Alexander* (1982), não terão problemas para visualizar essas formas de exibição opulenta que tem paralelos na Grã-Bretanha, França, Europa Central e em outros lugares nessa época.

No entanto, a casa burguesa naquele que os suecos chamam de "período Oscar" (1880-1910) não era apenas um palco, mas também um "santuário", um refúgio contra a sociedade exterior, cada vez mais impessoal. Daí a crescente importância dos aposentos particulares, tais como os quartos de dormir e os quartos de criança, e a distinção cada vez mais clara entre espaços públicos e privados no interior da casa.

Vale a pena chamar a atenção para a referência aos espaços da casa. Pode parecer paradoxal incluir o espaço na "cultura material", mas os historiadores culturais, como os da arquitetura e os geógrafos historiadores antes deles, chegam a ler o "texto" de uma cidade ou de uma casa nas entrelinhas. A história das cidades seria incompleta sem os estudos dos mercados e das praças, assim como a história das casas seria incompleta sem os estudos do uso de seus espaços interiores.

Alguns dos teóricos discutidos anteriormente neste capítulo – de Habermas, sobre os cafés como locais de discussão política, a Foucault, sobre o desenho das escolas e prisões como auxiliar da disciplina – ajudaram a chamar a atenção dos historiadores para a importância do espaço: sagrado e profano, público e privado, masculino e feminino, e assim por diante.

Os historiadores da ciência agora se preocupam com os espaços nos laboratórios ou nos anfiteatros de anatomia, enquanto os historiadores do império estudam a distribuição do espaço nos quartéis e barracas. Os historiadores da arte examinam as galerias de arte e museus não só como instituições, mas como espaços; os historiadores do teatro estudam as casas de espetáculo; os historiadores da música examinam o desenho das casas de ópera e de concerto; enquanto os historiadores da leitura prestam atenção à organização física das bibliotecas.

A história do corpo

Se existe um domínio da NHC que pareceria quase inconcebível meio século atrás – em 1970, digamos –, este é a história do corpo.[35] As raras contribuições feitas nesse campo em décadas anteriores eram pouco conhecidas ou consideradas marginais.

Da década de 1930 em diante, por exemplo, o sociólogo-historiador brasileiro Gilberto Freyre estudou a aparência física dos escravos tal como registrada em anúncios de fugitivos publicados nos jornais do século XIX. Observou as referências às marcas tribais que revelavam de que parte da África os escravos provinham, às cicatrizes dos repetidos açoitamentos e aos sinais específicos do trabalho, tais como a perda de cabelo em homens que levavam cargas muito pesadas na cabeça. Da mesma forma, um estudo publicado em 1972 por Emmanuel Le Roy Ladurie e dois colaboradores usou os registros militares para estudar o físico dos recrutas franceses no século XIX, observando, por exemplo, que eles eram mais altos no Norte e mais baixos no Sul, diferença de altura que quase certamente se deve a diferenças de nutrição.[36]

Em compensação, do início da década de 1980 em diante, uma corrente cada vez maior de estudos concentrou-se nos corpos masculino e feminino, no corpo como experiência e como símbolo, nos corpos desmembrados, anoréxicos, atléticos, dissecados, e nos corpos dos santos e dos pecadores. A revista *Body and Society*, fundada em 1995, é um fórum para historiadores e sociólogos. Já se dedicaram livros à história da limpeza dos corpos, da dança, dos exercícios, da tatuagem, do gesto. A história do corpo desenvolveu-se a partir da história da medicina, mas os historiadores da arte e da literatura, assim como os antropólogos e sociólogos, se envolveram no que poderia ser chamado de "virada corporal" – como se já não houvesse tantas viradas que os leitores correm o risco de ficar tontos.

Alguns dos novos estudos podem ser mais bem descritos como tentativa de reivindicar outros territórios para o historiador. A história do gesto é um exemplo óbvio. O medievalista francês Jacques Le Goff inaugurou o campo; um grupo internacional de acadêmicos, de classicistas a historiadores da arte, contribuiu também, enquanto um ex-aluno de Le Goff, Jean-Claude Schmitt, dedicou um trabalho importante ao gesto na Idade Média. Schmitt percebeu o crescente interesse pelo tema no século XII, que deixou um corpus de textos e imagens que lhe permitiu reconstituir gestos religiosos, como rezar, e gestos feudais, como armar um cavaleiro ou prestar homenagem a um senhor. Ele argumenta, por exemplo, que rezar com as mãos postas (e não com os braços abertos) e também se ajoelhar para rezar eram transferências para o domínio religioso do gesto feudal de homenagem, ajoelhar-se diante do senhor e colocar as mãos entre as dele.[37]

Um exemplo vindo da história russa mostra como é importante prestar atenção histórica a diferenças aparentemente pequenas. Em 1667, a Igreja Ortodoxa Russa cindiu-se em duas, quando um conselho reunido em Moscou apoiou inovações recentes e excomungou os defensores da tradição, mais tarde conhecidos como "velhos crentes". Uma das questões em debate era se o gesto de abençoar deveria ser feito com dois dedos ou três. Não é difícil imaginar como os historiadores racionalistas de épocas posteriores descreveram tais debates, encarando-os como típicos da mentalidade religiosa ou supersticiosa, distante da vida real e incapaz de distinguir o significante do insignificante. No entanto, aquele gesto mínimo implicava uma escolha importante. Três dedos significavam seguir os gregos; dois, manter as tradições russas. Citando mais uma vez Bourdieu, "a identidade social está na diferença".

Outros estudos sobre a história do corpo também desafiam suposições tradicionais. Por exemplo, o livro de Peter Brown *The Body and Society* (1988) ajudou a solapar a visão convencional do ódio cristão ao corpo. O mesmo foi feito por *Holy Feast and Holy Fast* (1987), de Caroline Bynum, discutido anteriormente como exemplo de história das mulheres, mas igualmente importante por sua discussão sobre o corpo e o alimento como meio de comunicação.

Como observou Roy Porter, um dos pioneiros do campo, a rápida ascensão do interesse pelo assunto sem dúvida alguma foi encorajada pela disseminação da Aids, que chamou a atenção para "a vulnerabilidade do corpo moderno". O aumento do interesse pela história do corpo segue paralelo ao interesse pela história do gênero. No entanto, as referências ao corpo presentes nas obras dos teóricos discutidos no começo deste capítulo sugerem uma explicação mais profunda para uma tendência mais gradual. A discussão de Mikhail Bakhtin sobre cultura popular na Idade Média, por exemplo, tem muito a dizer sobre corpos grotescos e especialmente sobre o que o autor descreveu como "o estrato corporal inferior". Na história de Norbert Elias sobre o autocontrole, estava implícita, se não explícita, uma preocupação com o corpo.

Na obra de Michel Foucault e Pierre Bourdieu, os suportes filosóficos do estudo sobre o corpo tornam-se visíveis. Como o filósofo francês Maurice Merleau-Ponty, Foucault e Bourdieu romperam com a tradição que remontava a Descartes e separava o corpo da mente, a ideia do "fantasma na máquina", como descreveu galhofeiramente o filósofo inglês Gilbert Ryle. O conceito de habitus, de Bourdieu, foi expressamente designado para cobrir o intervalo ou para evitar a oposição simples entre mentes e corpos.

Revolução na história cultural?

Neste capítulo, tentei dar aos leitores uma ideia da variedade de abordagens praticadas sob a rubrica NHC. A realização coletiva das duas ou três últimas décadas é considerável, e o movimento torna-se ainda mais impressionante quando visto como um todo. Se ocorreram poucas inovações de método, no sentido estrito do termo, muitos novos temas foram descobertos e explorados com a ajuda de novos conceitos.

De qualquer forma, as continuidades com relação a estudos anteriores não devem ser esquecidas. A NHC desenvolveu-se a partir da antropologia histórica discutida no Capítulo 3, e algumas de suas principais figuras, de Natalie Davis a Jacques Le Goff ou Keith Thomas, pertencem a ambos os movimentos.

O arquiteto suíço Sigfried Giedion escreveu um estudo pioneiro sobre cultura material, *Mechanisation takes Command* (1948), em que argumenta que, "para o historiador, não existem coisas banais", já que "instrumentos e objetos são decorrências de atitudes fundamentais perante o mundo". A expressão "representações coletivas" foi usada há mais de um século pelo sociólogo Emile Durkheim, e depois, em 1920, por Marc Bloch. O interesse em "esquemas" a que nos referimos várias vezes neste capítulo remonta a Aby Warburg e Ernst-Robert Curtius.

As similaridades entre partes da obra de Burckhardt e Huizinga e algumas tendências posteriores também merecem destaque. Warburg e Huizinga já percebiam a relevância de estudos antropológicos sobre os chamados povos "primitivos" para a história da Antiguidade clássica e da Idade Média. Clifford Geertz é um admirador de Burckhardt e frequentemente faz referência à sua obra, enquanto Darnton, segundo ele mesmo nos conta, em seu tempo de repórter policial leu o livro de Burckhardt, *A cultura do Renascimento na Itália*, escondido entre as páginas da *Playboy* na redação do jornal: "E ainda acho que é o maior livro de história que já li."[38]

A despeito dessas continuidades palpáveis, seria difícil negar que, na última geração, aconteceu um deslocamento ou uma virada coletiva na teoria e na prática da história cultural. O deslocamento pode ser visto como uma mudança de ênfase, mais que a ascensão de alguma coisa nova, uma reforma da tradição, mais que uma revolução, mas, afinal, a maior parte das inovações culturais acontece dessa maneira.

A NHC não se desenvolveu sem contestações. A teoria que lhe é subjacente muitas vezes foi criticada e rejeitada, não apenas por empiricistas tradicionais como também por historiadores inventivos, como Edward Thompson, em uma diatribe intitulada "A pobreza da teoria", publicada pela primeira vez em 1978. O tradicional conceito antropológico de cultura como "um mundo concreto e delimitado de crenças e práticas" foi criticado com base na afirmação de que culturas são locais de conflitos, e "integradas de maneira frouxa".[39]

Uma teoria ainda mais controversa que subjaz a grande parte da NHC é a teoria da construção cultural da realidade, que será discutida no próximo capítulo.

5. Da representação à construção

Já se mencionou antes que as soluções para os problemas às vezes geram novos problemas. Tome-se a ideia de "representação", por exemplo, um conceito central da NHC. Ela parece significar que imagens e textos simplesmente refletem ou imitam a realidade social. No entanto, vários praticantes da NHC há muito se sentem desconfortáveis com essa implicação. Em decorrência, tornou-se comum pensar e falar em "construção" ou "produção" da realidade (de conhecimento, territórios, classes sociais, doenças, tempo, identidade e assim por diante) por meio de representações. O valor e as limitações dessa ideia de construção cultural merecem ser discutidos em detalhe.

Em uma epigrama bem conhecida, Roger Chartier falou de um deslocamento "da história social da cultura para a história cultural da sociedade". Ele apresenta essa fórmula como descrição de certos "deslocamentos" de interesse por parte de historiadores na década de 1980, especialmente o distanciamento com relação à história social no sentido "duro", do estudo de estruturas como as classes sociais. A ideia da "história cultural da sociedade" revela a influência, sobre a NHC, do movimento do"construtivismo" na filosofia e em outras disciplinas, da sociologia à história da ciência.[1]

A ascensão do construtivismo

Foram os filósofos e cientistas que começaram a desafiar as opiniões recebidas sobre o conhecimento objetivo. Albert Einstein, por exemplo, declarou que é a nossa teoria que decide o que podemos observar, com o que, como foi discutido acima, concordou Karl Popper.

O filósofo alemão Arthur Schopenhauer já havia argumentado que "o mundo é minha representação" (*Die Welt ist meine Vorstellung*), enquanto Friedrich Nietzsche afirmava que a verdade é criada, e não descoberta. Nietzsche também descreveu a linguagem como uma prisão, enquanto Ludwig Wittgenstein afirmava que "os limites de minha linguagem são os limites de meu mundo". O movimento filosófico norte-americano conhecido como "pragmatismo" moveu-se em direção semelhante. John Dewey, por exemplo, afirmou que nós criamos a realidade, que cada indivíduo constitui seu mundo a partir do encontro entre o eu e o ambiente. William James argumentou que "interesses mentais ... ajudam a fazer a verdade que eles declaram".[2]

Se houve um momento em que era possível, e até mesmo normal, que os historiadores ignorassem Nietzsche ou Wittgenstein, ficou cada vez mais difícil fugir às discussões sobre a relação problemática entre a linguagem e o mundo externo que ela antes supostamente "refletia". O espelho foi quebrado. Lançou-se dúvida sobre a suposição de que uma representação "corresponde" ao objeto representado. A suposição de transparência, cara aos acadêmicos tradicionais, foi posta em questão. As fontes históricas agora parecem ser mais opacas que o que costumávamos pensar.

Ironicamente, não é difícil apontar explicações sociais para a virada para o "construtivismo" do final do século XX. A ascensão da "história a partir de baixo", por exemplo, como no caso do livro de Edward Thompson *A formação da classe operária inglesa*, discutido acima, envolveu uma tentativa de apresentar o passado do ponto de vista das pessoas comuns. O mesmo aconteceu com a ascensão da história dos colonizados na Ásia, África e América, que emergiu junto com os estudos pós-coloniais e que muitas vezes dirigiu seu foco para "a visão dos derrotados", ou para o ponto de vista das "classes subalternas".[3] De maneira semelhante, historiadoras feministas tentaram não apenas tornar as mulheres "visíveis" na história, mas também escrever acerca do passado sob um ponto de vista feminino. Dessa forma, os historiadores tornaram-se cada vez mais conscientes de que pessoas diferentes podem ver o "mesmo" evento ou estrutura a partir de perspectivas muito diversas.

É nesse contexto que os historiadores culturais, juntamente com sociólogos, antropólogos e outros estudiosos, envolveram-se no que costumava ser visto como um debate puramente filosófico ou científico. A questão de se – ou melhor, da extensão em quê, ou das maneiras pelas quais – os acadêmicos constroem seus objetos de estudo se transformou, ela própria, em importante objeto de estudo. É um caso especial do que alguns filósofos e sociólogos chamam de "construção social da realidade".

Os psicólogos, por exemplo, cada vez mais apresentam a percepção como um processo ativo, e não como um reflexo do que é percebido. Os linguistas escrevem menos sobre a linguagem como reflexo da realidade social e mais sobre "atos" da fala e seus efeitos. Os sociólogos, antropólogos e historiadores falam cada vez mais da "invenção" ou "constituição" da etnia, por exemplo, da classe, do gênero ou mesmo da própria sociedade. Em lugar do sentimento anterior, de restrições, de determinismo social, de um mundo de estruturas sociais "duras", muitos estudiosos agora expressam um sentimento quase inebriante de liberdade, de poder da imaginação, de um mundo de formas socioculturais "macias", maleáveis, fluidas ou frágeis. Daí o título de um livro do sociólogo Zygmunt Bauman, *Modernidade líquida* (2000).

Reutilização de Michel de Certeau

Uma formulação de bastante efeito sobre a posição "construtivista" foi apresentada por Michel Foucault em *Arqueologia do saber* (1969), quando definiu os "discursos" como práticas que "sistematicamente constroem (*forment*) os objetos de que falam". Essa definição ilustra a tendência que já vinha sendo descrita, na década de 1960, como "virada linguística", embora desde então o termo tenha se tornado muito mais comum. No entanto, os construtivistas têm uma dívida ainda maior com a teoria cultural de Michel de Certeau, formulada alguns anos depois.[4]

Michel de Certeau era um homem de múltiplas facetas, que poderia adequadamente ser descrito como teólogo, filósofo, psicanalista, antropólogo e sociólogo. Ele se identificava primariamente como historiador, e deu contribuições importantes para a história do misticismo, da historiografia e da linguagem. Seu estudo de um famoso caso do século XVII, sobre a possessão de um grupo de freiras por demônios na pequena cidade francesa de Loudun, usou extensamente a "analogia do drama" discutida no Capítulo 3, descrevendo o acontecimento como "espetáculo", como "teatro dos possessos". Seu livro sobre as políticas linguísticas da Revolução Francesa tratou de um tema que os historiadores até então haviam deixado de lado, e demonstrou sua importância política e cultural.[5]

No entanto, no que se refere à NHC, o estudo mais importante de De Certeau não é uma de suas obras históricas, mas um livro sobre a vida cotidiana na França da década de 1970, que ele e alguns colaboradores publicaram em 1980.[6] Enquanto os sociólogos que o precederam estudavam o que era chamado em geral de "comportamento" dos consumidores, eleitores e outros grupos, De Certeau preferiu falar em "práticas", *pratiques*. As práticas que analisou eram as das pessoas comuns; práticas cotidianas, como fazer compras, caminhar pela vizinhança, arrumar a mobília ou ver televisão. Uma razão para ele se referir às "práticas", e não ao "comportamento", era fazer com que seus leitores levassem as pessoas sobre as quais ele escrevia tão a sério quanto elas mereciam.

Enquanto os sociólogos precedentes consideravam as pessoas comuns consumidoras passivas de artigos produzidos em massa e espectadoras passivas de programas de televisão, De Certeau, ao contrário, enfatizava sua criatividade, sua inventividade. Descreveu o consumo como uma forma de produção. Enfatizou as escolhas que os indivíduos faziam, ao selecionar entre os artigos produzidos em massa e expostos nas lojas, e a liberdade com que interpretavam o que liam ou o que viam na televisão. Sua preocupação com a criatividade é destacada pelo título original, em francês, de seu livro: *A invenção do cotidiano* (*L'Invention du quotidien*).

Mais precisamente, ao identificar um tipo particular de invenção, De Certeau escreveu sobre os "usos", a "apropriação" e especialmente a "utilização" (*re-emploi*). Em outras palavras, nos termos em que ele pensava, as pessoas comuns faziam seleções a partir de um repertório, criando novas combinações entre o que selecionavam e, igualmente importante, colocando em novos contextos aquilo de que haviam se apropriado. Essa construção do cotidiano por meio de práticas de reutilização é parte do que De Certeau chama de "tática". Os dominados, sugere ele, empregam táticas, mais que estratégias, porque sua liberdade de manobra é restrita, opera dentro de limites estabelecidos por outros. Eles têm, por exemplo, liberdade para "surrupiar", famosa metáfora de De Certeau para as formas criativas de leitura que transformam os significados oficiais em outros, subversivos.

Existem semelhanças óbvias entre as ideias de Michel de Certeau e as de alguns de seus contemporâneos, especialmente Foucault e Bourdieu, com quem dialogou. Ele inverteu Foucault, substituindo seu conceito de disciplina pelo de "antidisciplina". Sua noção de "tática", expressando uma visão a partir de baixo, foi proposta em deliberada oposição à "estratégia" de Bourdieu, que enfatizava a visão a partir de cima. A ideia central de De Certeau, "prática", tem muito em comum com a de Bourdieu, mas ele criticou a noção de habitus, que envolveria a ideia de que as pessoas comuns não têm consciência do que fazem.

A recepção de literatura e arte

Michel de Certeau é uma figura destacada, embora não seja a única, de um importante deslocamento nos estudos da arte, literatura e música ocorrido na última geração, que vai de uma concentração sobre os artistas, escritores e compositores para uma preocupação também com o público, com suas reações e a "recepção" das obras vistas, ouvidas ou lidas.

Esse deslocamento já foi ilustrado na história da leitura (ver Capítulo 4). Também na história da arte há um fluxo constante de monografias escritas sob esse ponto de vista. Por exemplo, o livro fundamental de David Freedberg, *The Power of Images* (1989), concentra-se nas reações religiosas, ligando certos tipos de imagem à ascensão de práticas meditativas no final da Idade Média e no início dos tempos modernos. A meditação sobre a Paixão de Cristo, um dos tópicos favoritos das obras devocionais da época, foi auxiliada por pinturas como *Crucificação*, de Mathias Grünewald, ou pelas muitas xilogravuras baratas que circularam do século XV em diante. Freedberg também estuda a iconoclastia (em Bizâncio, nos Países Baixos em 1566, na França em 1792 e assim por diante) como forma de violência que revela os valores dos perpetradores, especialmente uma crença, consciente ou não, no poder das imagens.

A invenção da invenção

Se Foucault e De Certeau estão corretos acerca da importância da construção cultural, então toda história poderia ser descrita como história cultural. Uma lista de todos os estudos históricos publicados desde 1980 com as palavras "invenção", "construção" ou "imaginação" em seus títulos certamente seria longa e variada. Incluiria estudos sobre a invenção do eu, de Atenas, dos bárbaros, da tradição, da economia, dos intelectuais, da Revolução Francesa, da sociedade primitiva, do jornal, da mulher renascentista, do restaurante, das Cruzadas, da pornografia, do Louvre, das pessoas e de George Washington.

Tome-se o caso da doença, por exemplo. A nova história cultural do corpo se distingue da história da medicina, mais tradicional, por sua ênfase na construção cultural da doença, mais especialmente da "loucura". Michel Foucault introduziu essa perspectiva na obra que fez sua reputação, *História da loucura* (1961). Na Grã-Bretanha, o livro de Roy Porter, *Mind-Forged Manacles* (1990), foi um marco, criticando o psiquiatra Thomas Szasz por ter sugerido que a "produção da loucura" era uma espécie de conspiração, e propondo, em vez disso, que em diferentes períodos existiram diferentes "culturas da loucura", percepções da anormalidade e estereótipos de pessoas loucas, tais como os idiotas e os melancólicos.

Um número significativo de estudos desse tipo focaliza a invenção das nações, como, por exemplo, Argentina, Etiópia, França, Irlanda, Israel, Japão, Espanha e Escócia (embora, até onde eu saiba, não haja nenhum sobre a Inglaterra). Existem também estudos sobre a construção cultural de regiões – África, Bálcãs, Europa, Europa Oriental, Norte da Europa (Escandinávia) e o nordeste do Brasil (Pernambuco, Bahia e estados vizinhos).

Novas construções

O próprio passado é visto por alguns estudiosos como uma construção, especialmente pelo norte-americano Hayden White. Em

Meta-história (1973), o objetivo de White é apresentar o que chama de análise "formalista" dos textos históricos, concentrando-se em clássicos do século XIX como Jules Michelet, Leopold von Ranke, Alexis de Tocqueville e Jacob Burckhardt. O autor afirma que cada um dos quatro grandes historiadores do século XIX modelou sua narrativa ou enredo segundo um gênero literário relevante. Assim, Michelet escreveu, ou, para usar a própria expressão de White, "construiu o enredo" de suas histórias na forma de romance, Ranke na de comédia, Tocqueville na de tragédia e Burckhardt na de sátira.

White desenvolveu algumas ideias sobre o enredo na escrita histórica que foram originalmente apresentadas pelo crítico canadense Northrop Frye. Em um ensaio de 1960 no qual também usa o termo "meta-história", Frye tomou como ponto de partida a famosa reflexão de Aristóteles sobre a diferença entre poesia e história.[7] No entanto, ele introduziu uma qualificação importante: "Quando o esquema de um historiador alcança certo ponto de abrangência", escreveu ele, "torna-se mítico na forma." Frye ainda sugere que Edward Gibbon e Oswald Spengler eram exemplos de historiadores cujos enredos eram trágicos, pois estavam preocupados com o declínio do Império Romano e do Ocidente.

Pode-se dizer que White começou onde Frye parou, atenuando o contraste aristotélico entre poesia e história e estendendo a ideia de enredo para obras históricas em geral. Ele fica no limite entre duas posições, ou proposições: a visão convencional de que os historiadores constroem seus textos e suas interpretações, e a visão não convencional de que constroem o próprio passado.

O livro de White e os outros ensaios em que desenvolve sua posição tiveram muita importância. Sua expressão "construir o enredo" entrou no discurso de muitos historiadores, seja quando o objeto de estudo é um determinado historiador, seja quando eles se voltam para visões contemporâneas do conflito político.

A construção de classe e de gênero

As categorias sociais, antes tratadas como se fossem firmes e fixas, agora parecem ser flexíveis e fluidas. Os historiadores e antropólogos que desenvolvem seus trabalhos sobre a Índia já não consideram a categoria "casta" como algo dado. Pelo contrário, tratam-na como um constructo cultural com uma história, uma história política ligada à do imperialismo. Algo semelhante ocorreu com o conceito de "tribo", que os historiadores e antropólogos dedicados ao estudo da África relutam cada vez mais em usar nos seus trabalhos.[8] "Etnia", termo de uso muito mais geral hoje que uma geração ou duas atrás, é uma categoria social muitas vezes vista como flexível ou mesmo negociável.

"Classe", que antes era também tratada por marxistas e não marxistas – por mais que discordassem em sua definição – como uma categoria social objetiva, é atualmente vista cada vez mais como um constructo cultural, histórico ou discursivo. O livro de Edward Thompson, *A formação da classe operária inglesa*, por exemplo, foi criticado por supor que a experiência se traduz em consciência sem a mediação da linguagem. Como afirma Gareth Stedman Jones: "A consciência só pode se relacionar à experiência por intermédio de uma linguagem particular que organiza a compreensão da experiência", uma linguagem que ele se dispôs a analisar no caso dos cartistas ingleses.[9]

As feministas vêm encorajando historiadores e outros profissionais a tratar o "gênero" da mesma maneira. Como observado no Capítulo 2, é preciso distinguir entre visões masculinas de feminilidade (vividas pelas mulheres como pressões para que se comportem de determinadas maneiras, "recatadamente", por exemplo) e visões femininas correntes na mesma época e no mesmo nível social. As visões femininas eram o tempo todo encenadas na vida cotidiana, no processo de "construção do gênero".

Em outras palavras, e voltando ao modelo dramatúrgico, masculinidade e feminilidade são cada vez mais estudadas como papéis sociais, com roteiros distintos em diferentes culturas ou subculturas. Esses roteiros, originalmente aprendidos no colo da mãe – ou do pai –, podem ser modificados mais tarde por influência dos grupos, dos livros e de uma grande variedade de instituições, incluindo escolas, cortes, fábricas, filmes e a internet. Tais roteiros incluem posição, gestos, linguagem e roupas, para não mencionar formas de comportamento sexual. Na Itália renascentista, por exemplo, os homens podiam fazer gestos dramáticos, mas as mulheres respeitáveis não. Muitos movimentos de mão sugeriam que a mulher era uma cortesã.

Os modelos de masculinidade e feminilidade são muitas vezes definidos por contraste – o inglês é másculo, por exemplo, quando comparado aos franceses e "orientais" efeminados. Outro ponto enfatizado por historiadores nesse campo é a interdependência dos modelos de masculinidade e feminilidade em uma dada cultura. Cada modelo é definido em relação ao outro, ou mesmo em oposição ao outro.

Este aspecto surge claramente em um estudo de Patricia Ebrey, *The Inner Quarters* (1993), voltado para a China da dinastia Tang (960-1279). Nesse período, ela identifica "um deslocamento geral dos ideais de masculinidade", afastando-se do guerreiro e aproximando-se do sábio. A caça foi substituída pela coleção de antiguidades como atividade na moda para homens de alto status. Pierre Bourdieu, cujas ideias sobre "distinção" já foram discutidas (ver p. 75-7), teria apreciado a possibilidade de que esse deslocamento para os estudos tivesse como razão o desejo dos chineses de se distinguirem de seus vizinhos aguerridos, como os turcos e os mongóis.

Mais ou menos na mesma época, os ideais de feminilidade também mudaram. As mulheres eram cada vez mais apreciadas como belas, passivas, delicadas e frágeis, como as flores com as quais os poetas as comparavam. O mesmo período assistiu à ascensão da prática de enrolar os pés das meninas com panos, para que ficassem diminutos. Patricia Ebrey sugere que todas essas mudanças estavam ligadas. Mais especificamente, "como o ideal masculino de classe superior, nos tempos de Sung, era uma figura relativamente moderada e requintada, o homem pareceria efeminado, a não ser que as mulheres se tornassem ainda mais delicadas, reticentes e paralisadas".

A construção de comunidades

O ano de 1983 pode ser tomado como uma data simbólica na criação da teoria construtivista, pelo menos no mundo de fala inglesa, já que foi o ano de publicação de dois livros de extrema influência, um deles escrito por Benedict Anderson e o outro uma obra coletiva organizada por Eric Hobsbawm e Terence Ranger. *Comunidades imaginadas*, de Anderson, é a obra de um especialista no sudeste da Ásia com interesses e visão globais. O livro deu uma contribuição importante à farta literatura sobre a história do nacionalismo moderno e se destaca em pelo menos três aspectos. Em primeiro lugar, por sua perspectiva, já que o autor olha a Europa a partir de fora e dedica grande parte do livro à história da Ásia e das Américas. Em segundo lugar, foi uma obra incomum para a época, por sua abordagem cultural da política. O autor identificou as raízes do que chamou de "cultura do nacionalismo" não na teoria política, mas em atitudes inconscientes ou semiconscientes a respeito da religião, do tempo e assim por diante.

Uma terceira característica do ensaio de Anderson é a ênfase na história da imaginação, resumida em sua feliz e bem-sucedida expressão "comunidades imaginadas". Ele deu muita importância ao veículo das publicações, especialmente os jornais, na construção das novas comunidades imaginadas, como a nação, em lugar de outras mais antigas, como o cristianismo. Anderson não parece ter tido conhecimento da virada para *l'histoire de l'imaginaire social* por parte dos historiadores franceses um pouco antes, embora se mova em direção semelhante. Ele se parecia com tais historiadores por admitir o poder da imaginação coletiva, ou das imagens partilhadas, para fazer com que as coisas aconteçam. Embora não use o termo "construtivismo", Anderson levou em conta a importância desse processo.

A ideia de construção, ao contrário, é central para Hobsbawm e Ranger em *A invenção das tradições*, o reexame provocador de um dos conceitos centrais na história cultural. Esse volume de ensaios nasceu de uma conferência organizada pela Past and Present Society, e a conferência, por sua vez, nasceu de uma ideia de Eric Hobsbawm sobre a importância especial do período de 1870-1914 na produção de novas tradições. O volume inclui uma série de estudos de caso muito esclarecedores sobre Inglaterra, País de Gales, Escócia e Império Britânico na Índia e na África, tratando da ascensão do *kilt*, do alho-poró* e especialmente das novas formas de ritual real ou imperial. A introdução, de autoria de Hobsbawm, aumentou o impacto de tais estudos ao apresentar o argumento geral – na época, subversivo – de que as tradições "que parecem ou se apresentam como antigas são muitas vezes bastante recentes em suas origens, e algumas vezes são inventadas".

A invenção das tradições ajudou a renovar uma das mais tradicionais formas de história cultural, a história da própria tradição, mas sua recepção parece ter surpreendido a todos. O volume teve um sucesso muito maior do que os organizadores e editores

* O alho-poró é o símbolo nacional de Gales. (N.T.)

(Cambridge University Press) esperavam. O valor da hipótese de Hobsbawm sobre o final do século XIX foi enfatizado por autores de muitas outras partes do mundo, do Japão ao Brasil. No entanto, ao longo dessa calorosa recepção, a mensagem do livro foi reinterpretada. Tomou-se sua ideia organizadora como se significasse que todas as tradições são inventadas. Hoje, as observações introdutórias de Hobsbawm, acima citadas, parecem mais conservadoras que subversivas, dado o uso dos qualificativos "muitas vezes", "algumas vezes", e sua advertência de que "a força e adaptabilidade da tradição genuína" não deviam ser confundidas com a invenção.

De outra maneira, no entanto, Hobsbawm foi um profeta acurado, pois observou a relevância especial do conceito de "invenção da tradição" para as nações e o nacionalismo. "Nação" é hoje vista como um caso paradigmático de construção; basta ver a quantidade de livros aqui citados que incluem a palavra "invenção" em seus títulos.

De que maneira se dão essa invenção e essa construção? Vários estudos chamaram atenção para o papel das festividades políticas na construção da comunidade, das coroações medievais aos desfiles das ligas de Orange da Irlanda do Norte, no dia 12 de julho. Essas ações coletivas não apenas expressam, mas também reforçam o sentido de identidade coletiva dos participantes.

Mais incomum é o relato de Simon Schama sobre "a criação da nacionalidade holandesa" no século XVII, em *O desconforto da riqueza* (1987). Os holandeses eram uma nação nova que passou a existir somente no século XVI durante a revolta contra Felipe da Espanha. Constituíam um grupo em busca de uma identidade coletiva. Encontraram ou construíram o que estavam buscando, em parte identificando-se com os antigos batavos, que lutaram contra o Império Romano tal como os holandeses lutavam contra o espanhol, em parte com os israelitas, que haviam declarado independência em relação ao Egito faraônico.

A esses aspectos, que já haviam sido levantados pelos historiadores holandeses, Schama acrescentou uma questão própria. Inspirado pelo trabalho de Mary Douglas sobre a pureza, discutido no Capítulo 3, ele interpretou a obsessão holandesa pela limpeza, no século XVII – observada por muitos viajantes estrangeiros, nem sempre de maneira elogiosa –, como "uma afirmação de separação". Na linguagem de Freud, a limpeza dos holandeses ilustra o "narcisismo das pequenas diferenças", o fato de que "são precisamente as pequenas diferenças em pessoas de resto semelhantes que formam a base dos sentimentos de estranhamento ou de hostilidade entre elas". Na linguagem de Pierre Bourdieu, é um exemplo da busca de "distinção". Na linguagem do antropólogo britânico Anthony Cohen, revela a "construção simbólica da comunidade".[10]

A construção da monarquia

Três estudos publicados na década de 1990 na Rússia, no Japão e na França servem como ilustração do deslocamento da ideia de representação para a de construção no campo político.

Scenarios of Power (1995), de Richard Wortman, estuda o lugar do mito e da cerimônia na construção da monarquia russa. O autor lança mão da teoria cultural, de Geertz a Bakhtin e, embora não cite Goffman, revela uma sensibilidade "goffmanesca" diante da ubiquidade do drama, pelo menos na corte e em seus arredores. O livro está centrado na ideia de "cenário", incluindo a encenação de conquista, domesticidade, dinastia, iluminismo, amizade, felicidade, humildade, amor, nacionalidade e reforma. Coroações, casamentos, funerais, procissões religiosas e paradas militares são vistos como confirmações de poder ou demonstrações de unidade nacional.

O livro de Takashi Fujitani, *Splendid Monarchy: Power and Pageantry in Modern Japan* (1996), trata da invenção da tradição no Japão após a restauração imperial de 1868. O autor sugere que naquela época as "elites governantes do Japão inventaram, reviveram, manipularam e encorajaram os rituais nacionais com vigor sem precedentes", como parte de uma política de envolvimento das pessoas comuns na "cultura da comunidade nacional", tornando-as conscientes de que eram objeto do olhar imperial. Os cortejos cívicos e procissões por ocasião das sucessões, casamentos, funerais e marchas pelas províncias eram particularmente importantes. Fujitani argumenta que tais marchas "produziam poder simplesmente por sua pompa e brilho, e não porque comunicassem qualquer mito ou ideologia particular". Como no caso da Rússia, o uso de elementos estrangeiros exóticos, como os coches ingleses, aumentava o efeito. Inspirado por Foucault, Fujitani discute o "olhar imperial", observando que as pessoas tinham medo de encarar o imperador, mas estavam conscientes de que ele as observava.

Nem sempre é clara a posição de cada historiador a respeito da questão da construção discursiva da realidade social. Por essa razão, decidi discutir um de meus próprios livros, *A fabricação do rei* (1992). Como no caso dos czares, no caso de Luís XIV vemos a ritualização ou mesmo a teatralização de boa parte de sua vida cotidiana. Os atos de levantar da cama ou de se deitar – o *lever* e o *coucher* – eram organizados como uma espécie de balé (gênero que Luís apreciava e que algumas vezes praticava). As refeições reais de diferentes graus de formalidade também podem ser vistas como espetáculos para uma audiência seleta. Eram "encenações" no sentido de Richard Wortman.

Tomemos o caso da instituição conhecida como "os apartamentos" (*les appartements*). Após sua mudança para Versalhes em 1682, Luís XIV abria três vezes por semana alguns de seus aposentos do palácio à nobreza, para jogos de bilhar ou de cartas, conversas e refeições leves. Uma das razões para a inovação era introduzir um certo grau de informalidade em Versalhes. De qualquer modo, não é forçar demais o termo descrever essas ocasiões como "rituais", já que elas tinham o propósito de comunicar uma mensagem. Eram meios de afirmar a possibilidade de acesso do rei a seus súditos (um acesso que era também marcado pela cunhagem de moedas). Na prática, Luís logo deixou de aparecer, mas o drama do acesso continuou a ser encenado por muito tempo.

É difícil saber quanto da vida cotidiana do rei pode ser incluído sob a rubrica de "ritual". Por essa razão, o exame da vida de Luís XIV é uma oportunidade de refletir tanto sobre o valor como sobre as limitações desse conceito. Aqui, como em outras partes, pode ser mais esclarecedor referir-se às atividades como mais ou menos ritualizadas (mais ou menos estereotipadas, simbólicas) que descrever o ritual como uma classe diferente de ação.[11] Afinal, observadores contemporâneos afirmavam que até mesmo os menores gestos do rei eram ensaiados.

Na análise da vida cotidiana em Versalhes, o trabalho de Goffman, já citado inúmeras vezes, mostra mais uma vez seu valor. O rei estava sempre no palco quando comparecia às "regiões da frente" do palácio. No entanto, pode-se dizer que o gabinete real, ou *cabinet,* se situava nos "bastidores". Ali o rei ficava sozinho com madame de Maintenon, inicialmente sua amante e depois sua esposa (todos sabiam, mas ninguém ousava mencionar em público).

Uma boa descrição contemporânea de como se administrava a passagem dos bastidores para a região da frente sobreviveu, registrando como Luís se arrumava e tentava parecer majestoso ao atravessar os umbrais que separavam a esfera privada da esfera pública.[12] Dessa forma, o rei contribuía para a criação de uma imagem ideal de si mesmo que ajudava a manter o poder da monarquia.

Além de representar a si mesmo dessa maneira, Luís XIV foi representado assim em muitas esculturas, pinturas e gravuras, bem como em poemas, anedotas e periódicos (entre eles o jornal oficial, *Gazette*). Esses textos e outros objetos permitem que os historiadores escrevam sobre o que se chamava "imagem" pública do rei, tema que vem interessando os estudiosos desde que a ascensão da propaganda no final do século XIX nos tornou conscientes do poder da imagem.

Preferi me referir à fabricação do rei, e não à fabricação de sua imagem, não apenas porque a expressão reduzida é mais dramática, como também para deixar claro que o rei era continuamente criado ou recriado por meio das performances em que desempenhava seu papel – o "grande papel", como disse um historiador sueco em um estudo sobre o rei Gustavo III da Suécia.[13] As performances e as suas muitas representações – representações de representações – tornaram Luís XIV visível a diferentes audiências: seus nobres, seu povo, as cortes estrangeiras e mesmo a posteridade. Essas representações tornavam-se realidade, no sentido de que afetavam a situação política. Mas não eram a única realidade. Alguns contemporâneos deixaram registrada a percepção das discrepâncias entre a imagem pública do rei como guerreiro, por exemplo, e o comportamento efetivo de Luís, que preferia manter distância do campo de batalha.

No contexto do construtivismo, pode ser interessante observar as reações antagônicas a meu livro. Alguns historiadores tradicionais se surpreenderam por eu ter levado tão a sério a imagem de Luís XIV, a ponto de escrever um livro inteiramente dedicado a esse tema, em vez de discutir as políticas do rei. Por outro lado, alguns leitores pós-modernos não ficaram satisfeitos com a sugestão de que havia algo fora do texto, um indivíduo real por trás das representações. Os historiadores da cultura têm de andar na corda bamba.

A construção de identidades individuais

A preocupação com a construção da identidade é uma característica importante da NHC, o que não é de surpreender, numa época em que a "política de identidade" se tornou questão de grande relevância em muitos países. Há um interesse cada vez maior em documentos pessoais ou, como dizem os holandeses, "documentos-ego". Estes são textos escritos na primeira pessoa, sob a forma de cartas ou narrativas de viagens, tal como discutido anteriormente (Capítulo 4), ou diários e autobiografias, incluindo autobiografias de artesãos e trabalhadores manuais: por exemplo, alfaiates, sapateiros, carpinteiros, ou o vidreiro Jacques-Louis Ménétra, de Paris, cujo notável relato de vida durante a Revolução Francesa foi descoberto por Daniel Roche.[14]

Há uma preocupação cada vez maior com a retórica de tais documentos, a "retórica da identidade". As correspondências, por exemplo, eram escritas segundo convenções que variavam de acordo com a época, a posição social do escritor e também o tipo de carta escrita (a carta familiar entre iguais, a carta suplicante de um inferior para um superior e assim por diante).

Em seu livro *Fiction in the Archives* (1987), por exemplo, Natalie Davis estudou o que chamou de "contos de perdão e seus contadores na França do século XVI". Nessas histórias de homicídio a "sangue-quente", de autodefesa, e assim por diante, relatadas nos pedidos de perdão escritos para o rei – provavelmente por advogados em nome de seus clientes –, o que interessa a Davis é o que ela chama de aspectos "ficcionais" desses documentos. Como explica: "Por 'ficcional' não quero dizer elementos fingidos, mas, em vez disso, usando um outro e mais amplo sentido da raiz *fingere*, seus elementos formadores e moldadores: a tessitura de uma narrativa."

Como no caso dos contos de perdão, a classificação tradicional das autobiografias como verdadeiras ou mentirosas foi gradualmente sendo substituída por uma abordagem mais sutil, que leva em conta as convenções ou regras de autoapresentação em uma dada cultura, a percepção do "eu" em termos de certos papéis (o nobre honrado, a esposa virtuosa ou o artista inspirado), e a percepção das vidas em termos de certos enredos (a ascensão da miséria à riqueza, por exemplo, ou o arrependimento do pecador convertido).

Um dos primeiros exemplos dessa abordagem é dado por William Tindall, em *John Bunyan, Mechanick Preacher* (1934). Tindall tratou o livro de Bunyan (*Grace Abounding to the Chief of Sinners*) ao estilo da década de 1930, como um produto típico em tudo, exceto na habilidade literária da classe de Bunyan, os artesãos ou "mecânicos". No entanto, Tindall também colocou *Grace Abounding* em um gênero literário particular, a "autobiografia entusiástica" ou narrativa de conversão, que surgiu na Inglaterra em meados do século XVII e estava associada a seitas protestantes radicais, tais como os batistas ou quacres.

Obras desse gênero seguiam os modelos das *Confissões* de santo Agostinho e da vida de são Paulo, tal como contada nos *Atos dos apóstolos*, primeiro chamando a atenção para uma vida inicial de pecados e depois contando a história de uma dramática transformação. Tindall discute o que chama de "convenções" do gênero, os "padrões de seleção, ênfase e organização" e a "fórmula rígida de regeneração", observando que essas regras sobre a escrita originavam-se em um ambiente oral, a reunião.

De maneira semelhante, algumas biografias acadêmicas focalizaram a autoapresentação ou autoadaptação de seus sujeitos. É o que Greenblatt fez em *Sir Walter Raleigh: The Renaissance Man and his Roles* (1973), seguido por seu estudo mais conhecido, *Renaissance Self-Fashioning from More to Shakespeare* (1980). *Cristóvão Colombo* (1991), de Felipe Fernández-Armesto, difere das biografias precedentes do grande descobridor por enfatizar sua preocupação, ao longo de toda a vida, com a autopromoção. Descreve Colombo como um "exibicionista" mesmo em suas demonstrações de humildade, e afirma que ele desempenhava um papel "extraordinariamente bem escrito".

Da mesma forma, uma biografia de William Butler Yeats escrita pelo historiador irlandês Roy Foster dá muito destaque à autoapresentação do poeta; suas roupas, por exemplo (especialmente o casaco e o chapéu de abas largas, ambos pretos), os gestos teatrais, a maneira de falar, ou melhor, de recitar seus poemas em público, a preocupação com os retratos nos frontispícios de seus livros, suas autobiografias e, finalmente, o que um contemporâneo descreveu em 1915 como sua preocupação em "construir uma lenda em torno de si mesmo". Um estudo anterior, de Richard Ellmann, já havia destacado o que o autor chamou de "poses" e "máscaras" de Yeats.[15]

Os historiadores vêm mostrando interesse cada vez maior em captar as pessoas no ato de construir ou tentar construir diferentes identidades para si mesmas, "passando" pelo que não são – passando por branco, por homem, por membro das classes superiores e assim por diante. Alguns casos bem conhecidos de mulheres que se vestiram de homem e serviram ao exército ou à marinha assumiram um novo significado no contexto das preocupações correntes com a identidade e a plasticidade, bem como com a história feminina.[16]

Uma figura menor que se tornou foco da atenção acadêmica dessa maneira é George Psalmanazar, um francês que aventurou-se em várias carreiras antes de ir para a Inglaterra e tentar passar por nativo de Formosa (agora Taiwan). Ele publicou uma descrição detalhada da ilha em 1704, antes de ser desmascarado como impostor. Psalmanazar "desempenhou muitos papéis. Foi japonês, formosino, francês, holandês, judeu, estudante, tratante, refugiado, soldado, convertido, polemista, falsário, sábio, mercenário, empreendedor, penitente, exemplar e idoso".[17]

Performances e ocasiões

Psalmanazar pode ser visto como um artista exímio, e o crescimento do interesse por sua carreira é um sintoma do que pode ser chamado de "virada performativa" na história cultural. Já se chamou a atenção para a importância do modelo dramatúrgico nas décadas de 1950 e 1960. No entanto, da década de 1970 em diante ocorreu um deslocamento gradual, sutil e coletivo na maneira pela qual esse modelo era usado.

Desempenho na história cultural

Os historiadores, como seus colegas de outras disciplinas, vêm passando da noção de "roteiro" social para a de "performance" social, termo levado ao primeiro plano teórico na década de 1970 por antropólogos que trabalhavam com o tema da fofoca e do ritual. Pouco depois, também um antropólogo, Marshall Sahlins, lançou a ideia mais geral de cultura como uma série de receitas para realizar atos "performativos", termo tomado de empréstimo ao filósofo inglês John Austin, que estudou atos de fala tais como "batizo este navio" ou – no contexto do casamento – "aceito", elocuções que, mais que descrever situações, as ocasionam.[18]

A história das ideias políticas foi reescrita sob esse ponto de vista, em especial por Quentin Skinner, em *As fundações do pensamento político moderno* (1978), preocupado com a seguinte questão: o que faziam, ao escrever seus livros, os autores que ele discutia? Qual o foco central de seus argumentos, o que Austin chamava de "força elocutória"? Ao dirigir o foco para as palavras como ações em um contexto político, social e intelectual, Skinner deu uma contribuição para o que chamou de "história da teoria política com um caráter genuinamente histórico".[19]

Outro exemplo, pouco conhecido fora da França, é *Mazarinades* (1985), de Christian Jouhaud, um estudo dos cerca de cinco mil panfletos dirigidos contra o regime do cardeal Mazarino em meados do século XVII. Jouhaud rejeitou a abordagem estatística desses panfletos feita por alguns de seus predecessores da mesma forma que rejeitou a abordagem dessas *mazarinades* como "reflexos" passivos da opinião pública da época. A "fluidez" de seu discurso, como disse ele, torna impossível aproximar-se desses textos escorregadios da maneira tradicional. Em vez disso, o autor pergunta, como Austin e Skinner, "o que essa escrita *faz*?", e apresenta os panfletos como ações, como textos que precisam ser discutidos em termos de suas estratégias, táticas, encenação (*mise-en-scène*), recepção e eficácia.

As festividades públicas são obviamente mais fáceis de analisar em termos de performance, e de fato foram estudadas dessa maneira. É o caso da coroação da rainha Elizabeth II, interpretada como uma "performance de consenso", ou dos festivais populares na Venezuela, vistos como performances de nacionalismo. As comemorações já foram descritas como performances de história ou memória. A história da dança, que antes pertencia à seara dos especialistas, agora é levada a sério por historiadores culturais e discutida em sua relação com a política e a sociedade.[20]

Esse conceito também é usado em análises da vida cotidiana, em termos de performance de etnia, por exemplo, ou de gênero, honra, cortesania, nobreza e escravidão. Assim, a etnografia de Michael Herzfeld de uma aldeia em Creta apresentou o bar-café como palco para a performance da masculinidade por meio da agressão ritualizada – jogos de cartas, por exemplo, em que "quase todos os movimentos são feitos com gestos agressivos, especialmente bater com os nós dos dedos na mesa quando a carta é baixada".[21]

Exibições de submissão aos senhores por parte dos escravos têm sido interpretadas como performances, como "simulação", exagero. A deferência da classe trabalhadora foi interpretada em termos semelhantes. Inversamente, como coloca o antropólogo James Scott, "se a subordinação exige um desempenho verossímil de humildade e deferência, da mesma forma a dominação parece exigir um desempenho verossímil de altivez e superioridade".[22]

Os linguistas também vêm falando de "atos de identidade" para enfatizar o fato de que a linguagem não só expressa como cria, ou ajuda a criar, identidades. Há um interesse cada vez maior pela performance da metáfora. O ato de varrer o chão, por exemplo, pode funcionar como um símbolo de organização interna. A limpeza étnica pode ser vista como a encenação de uma metáfora de pureza.[23]

O termo "performance" já foi aplicado até mesmo à arquitetura, desenvolvendo uma antiga ideia de edificações ou praças como palcos. No tempo do papa Alexandre VII, que encomendou a construção da praça São Pedro, em Roma, o lugar era descrito como "teatro". A arquitetura é uma arte coletiva, na qual o projeto pode ser visto como uma espécie de roteiro em que há lugar para improvisação por parte dos profissionais.[24]

Qual o significado da ascensão do conceito de performance? É importante observar o que foi rejeitado. Saiu a noção de uma regra cultural fixa, substituída pela ideia de improvisação. Pierre Bourdieu, um dos principais iniciadores da mudança de abordagem – embora raramente use o termo "performance" –, introduziu seu conceito de "habitus" (o princípio da improvisação regulada) contra a noção estruturalista de cultura como sistema de regras, ideia que ele considerava rígida demais.

A improvisação no sentido literal foi extensamente analisada em uma série de estudos sobre a cultura oral. Um dos mais importantes deles, que tem sido pouco discutido pelos historiadores culturais, é um livro que, devo confessar, me causou grande impacto quando apareceu: *The Singer of Tales* (1960), de Albert Lord.[25]

Lord acompanhou Milman Parry à Iugoslávia, como então se chamava, na década de 1930. Parry, professor de Classicismo em Harvard, acreditava que a *Ilíada* e a *Odisseia* eram composições orais que haviam sido escritas a partir das declamações.

Para testar essa hipótese, Parry e Lord foram à Bósnia, onde cantores ou poetas épicos ainda estavam ativos em tavernas e cafés. Eles gravaram e analisaram centenas de épicos, observando que o mesmo poeta desempenhava a "mesma" história de maneira distinta em ocasiões diferentes, aumentando-a, diminuindo-a ou adaptando-a. Em suma, os poetas improvisavam. Eram possíveis improvisações por horas seguidas graças a uma estrutura do que Parry e Lord chamaram de "fórmulas" e "temas". Encontramos de novo a ênfase em esquemas culturais, dessa vez em dois níveis diferentes. Uma fórmula é um verso ou dístico recorrente, tal como "ao longo da lisa planície", ou, no caso de Homero, "mar escuro como o vinho". Um tema é uma fórmula por extenso, um episódio recorrente, como o envio de uma carta ou o aprestamento do herói, um episódio com uma estrutura básica que permite a elaboração ou o uso de "ornamentos", de acordo com a perícia do cantor ou com a ocasião em que ele se apresenta.

Agora que a oralidade juntou-se à literalidade e à numeralidade como tópico de pesquisa histórica, os historiadores estão descobrindo muitas fórmulas e temas desse tipo, e também passaram a prestar mais atenção aos boatos, baladas e contos populares.[26] De qualquer forma, as análises apresentadas em *The Singer of Tales* continuam sem igual.

Na década de 1980, a ideia de performance assumiu um significado mais amplo. Muitos estudos mais antigos de rituais e festividades supunham que eles seguiam os textos de perto, já que relatos impressos das festas eram frequentemente publicados nos séculos XVI e XVII, algumas vezes antes mesmo do acontecimento. Geralmente os textos eram ilustrados, e alguns pesquisadores achavam que a iconografia dos festivais poderia ser analisada da mesma maneira que Panofsky e outros haviam analisado a iconografia das pinturas.

Estudos posteriores sobre festas, por outro lado, enfatizaram que "a performance nunca é uma mera interpretação" ou expressão, mas tem um papel mais ativo, de vez que a cada ocasião o significado é recriado. Os estudiosos tendem agora a destacar a multiplicidade e o conflito de significados de uma dada festa, como as festas religiosas na América do Sul, por exemplo, que para alguns participantes estão associadas ao catolicismo, enquanto para outros são associadas a religiões africanas tradicionais.

Os historiadores especialistas na Europa da Idade Média e do começo da Idade Moderna muitas vezes trataram das procissões, que desempenhavam um papel muito importante tanto nas festas religiosas como nas seculares: o de representação ou reafirmação da estrutura social da comunidade.

Ao fazer isso, no entanto, é necessário levar em conta que o consenso estava longe de ser completo, e que as pessoas às vezes chegavam a trocar socos nas ocasiões mais solenes porque tinham visões incompatíveis sobre seu próprio lugar na comunidade, e cada um estava certo de que ele ou ela tinham direito de precedência sobre o outro.

Daí a nova ênfase sobre o que acontecia de errado, sobre as fugas do roteiro. Um estudo sobre execuções feito por Thomas Laqueur, por exemplo, que critica Foucault e outros pela ênfase no que ele chama de "dramaturgia judicial", concentra-se nas reações da multidão e nas "mudanças inesperadas" que produziam "um teatro de fluidez muito maior".[27]

Na Roma do Renascimento, a sobrevivência dos diários do mestre de cerimônias papal Paris de Grassis nos permite ter uma ideia do que realmente acontecia nos rituais relativos ao papa, bem como do que deveria ter acontecido. Por exemplo, Grassis tinha de levar em conta que, para os cardeais mais idosos, era difícil ficar de pé ou ajoelhar-se por muito tempo, quanto mais caminhar numa procissão. Para piorar, o papa nessa época era Júlio II, que sofria de gota e nem sempre podia fazer a genuflexão quando a liturgia exigia. Ele não gostava dos paramentos, e às vezes aparecia sem a estola, quando a etiqueta prescrevia seu uso. Além disso, era impaciente com o protocolo. Em certa ocasião, quando o mestre de cerimônias lhe informou o que deveria fazer, "o papa sorriu e disse que queria as coisas com simplicidade, à sua própria maneira".[28]

A ascensão do ocasionalismo

Os estudos sobre a performance – ou sobre a vida como performance – discutidos na seção anterior sugerem que estamos testemunhando uma revolução silenciosa na prática acadêmica da área de humanidades, em um domínio ou disciplina após o outro. Ao batizar essa tendência de "ocasionalismo", proponho adaptar às necessidades dos historiadores culturais um termo filosófico originalmente usado por Immanuel Kant para se referir aos cartesianos tardios, como Malebranche.

Como vimos, um mesmo ritual ou uma mesma história variam em diferentes ocasiões, e que a expressão de deferência por parte do escravo só se dá enquanto o senhor está olhando. Generalizando a partir de exemplos como esses, podemos dizer que, em diferentes ocasiões (momentos, locais) ou em diferentes situações, na presença de diferentes pessoas, o mesmo indivíduo comporta-se de modo diverso.

O que chamo de "ocasionalismo", se não é exatamente um deslocamento do determinismo social para a liberdade individual, é, pelo menos, um movimento que se distancia da ideia de reações fixas, segundo regras, e que caminha em direção à noção de respostas flexíveis, de acordo com a "lógica" ou a "definição da situação" – expressão tornada famosa por William I. Thomas, sociólogo de Chicago. A obra sobre a autoapresentação de Erving Goffman, outro sociólogo de Chicago, é um dos melhores exemplos dessa tendência. Na década de 1950, essa abordagem ocasionalista ia contra as formas dominantes de análise social e histórica. Nos últimos anos, ao contrário, ela parece estar em todo o lugar, nos mais variados contextos ou domínios.

No caso da linguagem, por exemplo, os historiadores estão aprendendo com os sociolinguistas a estudar as ocasiões em que pessoas bilíngues passam de uma língua para outra, enquanto outras praticam uma "diglossia", usando uma variedade "alta" de linguagem para discutir política, por exemplo, e uma variedade "baixa" para falar de futebol.[29]

O bilinguismo é exemplo de um fenômeno mais geral que pode ser chamado de "biculturalismo". Tendemos a pensar que a caligrafia é uma expressão da personalidade individual. No entanto, na França do século XVI, por exemplo, a escrita de uma mesma pessoa podia muito bem variar de estilo, de acordo com a ocasião. Estilos particulares de caligrafia – letra da corte, letra de secretária, letra de mercador e assim por diante – estavam associados a funções particulares, tais como a contabilidade ou as cartas para amigos. Na Hungria do começo da era moderna já se encontravam exemplos de que um indivíduo assinava o nome em certa ocasião e fazia uma cruz em outra.[30]

Também os historiadores da arte passaram a pensar no estilo em relação a ocasiões, e não só em relação a períodos ou indivíduos. Estudiosos do Renascimento, por exemplo, observaram as mudanças do gótico para o clássico – e vice-versa – na obra de pintores e escultores como Pisanello ou Veit Stoss, segundo as demandas do gênero ou do patrono.[31]

O mesmo se pode dizer a respeito do processo civilizador, apresentado no estudo clássico de Norbert Elias, de 1939. No caso da história do humor, por exemplo, o problema da tese de Elias é que, embora ao longo dos séculos XVII e XVIII as classes altas tenham deixado de rir de certos tipos de piada quando estavam em público ou em companhias mistas, parece que continuaram a rir das mesmas anedotas em outros locais. Membros das classes superiores, particularmente as senhoras, pareciam achar que seu alto status social exigia não mostrar divertimento com piadas "grosseiras", sempre que pessoas de outros grupos pudessem vê-las e ouvi-las. No salão de fumar, por outro lado, longe das senhoras, os cavalheiros vitorianos continuavam a apreciar tais piadas. As senhoras deviam fazer o mesmo na ausência dos homens.

Desconstrução

Não se deve exagerar o que agora parece, para alguns estudiosos, o realismo ingênuo das gerações mais antigas de historiadores. Alguns deles estavam perfeitamente conscientes de seu papel ativo na construção das categorias sociais. Na década de 1880, Frederick William Maitland, por exemplo, observou: "se, em um exame, fosse perguntado quem introduziu o sistema feudal na Inglaterra, uma resposta muito boa, se apresentada adequadamente, seria Henry Spelman" (um estudioso do século XVII interessado na história das leis medievais).[32]

Da mesma forma, o historiador francês Lucien Febvre escreveu: "nossos pais inventaram sua Renascença", da mesma forma que "cada época constrói mentalmente para si sua representação do passado histórico" (*chaque époque se fabrique mentalement sa représentation du passé historique*).[33] De maneira semelhante, os historiadores vêm usando a expressão "o mito do Renascimento" para registrar sua noção de que o termo não é exatamente uma descrição objetiva, mas sim uma projeção de valores sobre o passado.

Outros estudiosos estavam bem cientes da relação entre história e mito. Do classicista de Cambridge Francis Cornfold, *Thucydides Mythistoricus* (1907), uma análise do "mito" na história escrita por Tucídides e das analogias entre sua obra e a tragédia grega, apareceu cerca de 70 anos antes do livro de Hayden White, *Meta-história* (1973), e de outros estudos sobre o que já foi descrito como "mito-história".

De toda forma, nem sempre as nações foram consideradas imutáveis antes da ascensão da "invenção". A primeira frase do famoso livro de Américo Castro, *Aspectos del vivir hispanico* (1948), é: "Um país não é uma entidade fixa." E, como explica o autor, "a Espanha, como qualquer outra nação, tem sido um 'tema' problemático que teve de se inventar e se manter ao longo de sua existência". *La invención de l'America*, do historiador mexicano Edmundo O'Gorman, foi publicado em 1958. Na época soou estranho seu argumento de que a descoberta foi menos importante que a ideia de um quarto continente, e agora isto é quase um lugar-comum.

Mas a ideia de construção foi levada muito mais adiante desde então. Em seu estudo sobre identidade na África, *Mestizo Logic* (1990), o antropólogo francês Jean-Loup Amselle argumenta que os fulani ou os bambara devem ser vistos não como tribos ou mesmo grupos étnicos, mas como partes de um "sistema de transformações". Para ele, não há fronteiras culturais claras entre esses grupos, e os indivíduos têm identidades fluidas ou múltiplas, distinguindo-se de diferentes "outros" de acordo com as circunstâncias. A identidade é continuamente reconstruída ou negociada.

É muito salutar essa reação construtivista contra uma visão simplificada, que considera as culturas ou grupos sociais como homogêneos e claramente separados do mundo externo. A crítica ao "essencialismo" feita por Amselle e outros pode ser aplicada com proveito não apenas a culturas, como os fulani, ou a classes, como a burguesia, mas também a movimentos ou períodos, como o Renascimento ou a Reforma, o Romantismo ou o Impressionismo. De qualquer forma, a ideia de construção cultural levanta problemas cuja solução ainda está longe, particularmente três: quem está fazendo a construção? Sob que restrições? A partir de quê?

"Quem inventou a Irlanda?", perguntou Declan Kiberd no começo de seu livro *Inventing Ireland* (1996), observando que os irlandeses exilados deram uma desproporcional contribuição à ideia da nação irlandesa, e que os ingleses também "ajudaram" nessa construção. No caso do "Oriente", já é bem óbvio o papel do Ocidente ao construí-lo como seu oposto, mas continua em aberto o problema da importância relativa de diferentes tipos de ocidentais – viajante, estudioso, missionário, burocrata e assim por diante. O mesmo acontece com a questão da importância relativa da invenção individual e da coletiva e das maneiras como funciona a criatividade coletiva – por meio de recepção criativa, por exemplo.

Um segundo problema se refere às possíveis restrições culturais ou sociais no processo de construção. Certamente nem tudo é imaginável a qualquer momento; é claro, por exemplo, que um dado grupo de hispano-americanos não tinha liberdade para inventar qualquer tipo de Argentina que quisesse após a independência da Espanha. A ideia de construção cultural se desenvolveu como parte de uma reação saudável contra o determinismo social e econômico, mas é necessário evitar o excesso de reação. Os historiadores precisam explorar os limites da plasticidade cultural, limites que, embora passíveis de modificação – até certo ponto –, algumas vezes são estabelecidos por fatores econômicos, políticos ou, ainda, por tradições culturais.

Um terceiro problema se refere aos materiais da construção cultural. Sem dúvida, seria errado vê-la como um processo de criação *ex nihilo*. Na verdade, Eric Hobsbawm já havia chamado atenção para "o uso de materiais antigos", em sua introdução em *A invenção das tradições*. Indo um pouco mais longe nessa direção, e tomando de empréstimo um termo dos cosmólogos, gostaria de sugerir que o que tradicionalmente foi descrito como transmissão de uma tradição (ou, como chamou Bourdieu, "reprodução cultural") é mais um processo de "criação contínua". O que quer que os supostos transmissores pensem que estejam fazendo, passar adiante uma cultura para uma nova geração é necessariamente um processo de reconstrução, o que Lévi-Strauss chamou de *bricolage*, e De Certeau, como vimos, de "reutilização".

Um processo similar foi por vezes ativado no curso de embates culturais, especialmente quando os visitantes de fora incorporam uma nova região a seu império. Por exemplo, historiadores britânicos da Índia falam da "descoberta" do hinduísmo. No entanto, o que descobriram foi uma coleção de cultos locais, que eles, juntamente com alguns indianos, transformaram num sistema, numa religião mundial. Nesse caso nem "descoberta" nem "invenção" parecem apropriadas para um processo que ficou em algum lugar entre esses dois modelos.[34]

O processo é impulsionado, em parte, pela necessidade de adaptar velhas ideias a novas circunstâncias, em parte por tensões entre formas tradicionais e novas mensagens, e em parte pelo que foi chamado de "conflito interno da tradição" – o conflito entre a tentativa de encontrar soluções universais para os problemas humanos e as necessidades ou a lógica da situação. No caso de movimentos religiosos ou políticos, as diferenças inevitáveis entre fundadores e seguidores levam a polaridades culturais. A mensagem do fundador muitas vezes é ambígua. Na verdade, pode-se dizer que os fundadores têm êxito precisamente porque significam muitas coisas para muitas pessoas. Quando os seguidores tentam interpretar a mensagem do fundador, as contradições latentes se tornam manifestas.[35]

Investigar mais profundamente esse processo é tarefa para o futuro. O problema do futuro da história cultural será tratado no próximo capítulo.

6. Além da virada cultural?

A EXPRESSÃO NHC PARECIA uma boa ideia quando foi cunhada no final da década de 1980, como foi também o caso de "nova história", nos Estados Unidos da década de 1910. Infelizmente, a novidade é um trunfo que se esgota rapidamente. Essa "nova" história cultural tem mais de 30 anos. Na verdade, um exame da lista cronológica de publicações apresentada ao final deste volume sugere que ela já tem mais de 40 anos, uma vez que o rompimento real ocorreu no início da década de 1970, uma década antes da invenção do nome. A mesma lista sugere que, enquanto a produção de material inovador permaneceu alta na década de 1980 – basta olhar a variedade e qualidade dos livros lançados em 1988, por exemplo –, ela declina gradualmente na década de 1990. O início do século XXI parece ser um tempo de reconhecimento, em termos de volume e consolidação, em que o presente livro tem seu lugar. No entanto, é preciso dizer que este tipo de inventário geralmente se segue à fase mais criativa de um movimento cultural.

Acrescente-se a isso o fato de que a NHC tem sido objeto de críticas sérias, e é impossível fugir à seguinte questão: chegou o tempo de uma fase ainda mais nova? Ou essa fase já começou? Podemos também nos perguntar se o que vem pela frente será um movimento ainda mais radical ou se, pelo contrário, teremos uma reaproximação de formas mais tradicionais de história.

Como sempre, é necessário fazer distinções. Temos de distinguir entre o que queremos que aconteça e aquilo que supomos que acontecerá, bem como separar as tendências de curto e de longo prazo. No que se refere a previsões, é difícil fazer mais que extrapolar as tendências de longo prazo, embora estejamos cientes, pela experiência passada, de que o futuro será mais que uma simples continuação de tais tendências. Devemos levar em conta as possíveis reações a elas, as tentativas de voltar no tempo, embora saibamos ser impossível um simples retorno ao passado.

Neste ponto, provavelmente o mais útil a fazer é discutir cenários alternativos. Uma das possibilidades é o que se pode descrever como o "retorno de Burckhardt", usando o nome como uma espécie de síntese, um símbolo para o renascer da história cultural tradicional. Uma segunda possibilidade é a expansão contínua da nova história cultural para outros domínios. Uma terceira é a reação contra a redução construtivista da sociedade em termos de cultura, o que pode ser chamado de "a vingança da história social".

O retorno de Burckhardt

Em certo sentido, não podemos falar do retorno de Burckhardt porque, para começo de conversa, ele nunca foi embora de fato. Ou seja, a história da alta cultura, do Renascimento, por exemplo, ou do Iluminismo, nunca foi abandonada, mesmo na era do entusiasmo pela cultura popular, nas décadas de 1970 e 1980 – embora sofresse a competição pelos recursos acadêmicos.

Anthony Grafton é um exemplo bem conhecido de historiador cultural cujo trabalho acadêmico enfoca a tradição clássica no Renascimento e no período posterior, embora também tenha contribuído para a história da leitura e produzido uma história das notas de rodapé e sua relação com as práticas técnicas e a ideologia da profissão histórica, em *The Footnote* (1997).

Uma das mais conhecidas obras de história cultural publicadas nesse período em língua inglesa é *Viena, fin de siècle* (1979), de Carl Schorske, um estudo sobre escritores como Arthur Schnitzler e Hugo von Hofmannsthal, artistas como Gustav Klimt e Oskar Kokoschka, e também Sigmund Freud e Arnold Schoenberg. Schorske apresenta seu trabalho como um estudo da modernidade, definida em comparação ao historicismo do século XIX. Sua história do que ele chama de "cultura a-histórica" apresenta uma interpretação essencialmente política desse movimento, ligando-o aos "tremores da desintegração social e política" e ao declínio do liberalismo no sentido de um compromisso com a racionalidade, o realismo e o progresso. Eram esses os valores contra os quais seus protagonistas se rebelaram, cada um à sua maneira – Freud, ao chamar a atenção para as forças irracionais da psique, por exemplo; Klimt, ao romper com o realismo e ofender deliberadamente a moralidade burguesa; e assim por diante.

Um futuro possível para a história cultural – pelo menos no futuro próximo – é a renovação da ênfase na história da alta cultura. Afinal, a alta cultura é uma ausência conspícua dos "estudos culturais" tais como ensinados e estudados em muitos lugares hoje. Se essa renovação ou retorno ocorrerem, é improvável que a história da cultura popular definhe, mesmo que o conceito de "cultura popular" já esteja sendo questionado. Os dois tipos de história cultural provavelmente vão coexistir, juntamente com um interesse crescente em suas interações. Na verdade, a alta cultura pode ser reestruturada ou mesmo descentrada, chamando-se a atenção, por exemplo, tanto na história das mentalidades como na história da filosofia, para a recepção do Iluminismo por parte de diferentes grupos sociais ou para a domesticação do Renascimento, no sentido de seu impacto sobre a vida cotidiana – sobre o desenho de cadeiras e pratos, digamos, assim como sobre as pinturas e os palácios. Na verdade, esse deslocamento de ênfase já está acontecendo.[1]

Alguns exemplos importantes de NHC podem ser relidos sob esse ponto de vista; *O queijo e os vermes* (1976), de Ginzburg, por exemplo. Esse vigoroso retrato de um indivíduo e seu cosmos atraiu muita gente sem interesse especial pela Itália do século XVI. No entanto, ele também pode ser lido como uma contribuição à história de um importante movimento cultural, a Contrarreforma, do ângulo de sua recepção, da interação com a cultura popular tradicional. Em suma, como acontece muitas vezes na história cultural, uma tentativa de voltar ao passado produzirá algo novo. Algumas tentativas de reviver – mas também de redefinir – a ideia de tradição apontam na mesma direção.[2]

Política, violência e emoções

Um segundo cenário prevê a extensão da nova história cultural de modo a incluir domínios anteriormente deixados de lado, entre eles a política, a violência e as emoções.

A história cultural da política

Política e cultura estão ligadas de mais de um modo. Um conjunto de conexões possíveis foi explorado por Schorske em *Viena, fin de siècle*. Outra abordagem pode ser descrita como a política da cultura, indo da publicidade dada às coleções dos governantes, como sinal de sua magnificência e bom gosto, às razões nacionais ou nacionalistas para a fundação de galerias, museus e teatros no século XIX.

Uma preocupação com o que algumas vezes é chamado de "administração cultural" é particularmente visível nos séculos XIX e XX. No Brasil, o regime do presidente Getúlio Vargas, especialmente entre 1930 e 1945, preocupou-se muito com a cultura nacional, embora tenha sido também um tempo de "guerras culturais" em nome da representação da identidade da nação, no sentido de competição entre ministérios, por exemplo, ou entre estilos arquitetônicos.[3]

No entanto, é a cultura da política que merece mais atenção aqui. Seria um equívoco sugerir que os historiadores culturais tenham sempre ignorado a política, ou que os historiadores políticos tenham deixado a cultura completamente de lado. Havia lugar para a política na história cultural tradicional, inclusive na obra de Burckhardt sobre o Estado renascentista como obra de arte, na de Marc Bloch sobre os poderes curadores atribuídos aos reis da França e da Inglaterra, e nos trabalhos de muitos estudiosos do simbolismo da monarquia – insígnias reais, coroações, funerais ou entradas formais nas cidades.

Nos estudos políticos, algumas figuras importantes, como Murray Edelman, autor de *Politics as Symbolic Action* (1971), deram sua "virada cultural" há uma geração, ao examinar os rituais ou quase rituais políticos e outros aspectos simbólicos do comportamento político no presente e no passado. A explicação cultural oferecida por F.S. Lyons para a conturbada história política da Irlanda já foi discutida no Capítulo 3.

De qualquer forma, quando novos termos técnicos entram em uso, normalmente isso é sinal de um deslocamento de interesse ou de abordagem. O conceito de "cultura política" é uma expressão da necessidade de ligar os dois domínios, focalizando as atitudes ou noções políticas de diferentes grupos e as maneiras pelas quais essas atitudes são instiladas. Empregada pelos cientistas políticos na década de 1960, a expressão parece ter entrado no discurso dos historiadores ao final da década de 1980, a julgar pelos títulos de livros como *The Political Culture of the Old Regime* (1987), de Keith Baker, seja ela usada para tratar de um país inteiro, ou de um grupo, como o das mulheres.

O estudo sobre a Revolução Francesa realizado por Lynn Hunt, uma figura importante na NHC, preocupou-se principalmente com a cultura política. *Politics, Culture and Class in the French Revolution* (1984) focalizou as mudanças das "regras do comportamento político", e mais especialmente as novas "práticas simbólicas", estudadas à maneira de Foucault. Tais práticas iam da coreografia das festas públicas ao uso do cocar tricolor ou do barrete vermelho da liberdade, ou à generalização da forma de tratamento familiar *tu* ou *citoyen(ne)* para simbolizar igualdade e fraternidade e contribuir, por meio de pequenos gestos, para a realização desses ideais. Um livro que começou como história social da política, confessa a autora, transformou-se em história cultural, embora a historiadora social se revele na cuidadosa distinção entre as maneiras como mulheres e homens, por exemplo, participaram dessa nova cultura política.

Outro exemplo do entrelaçamento entre história política e cultural é a obra coletiva do Grupo de Estudos Subalternos (Subaltern Studies Group), baseado na Índia e liderado por Ranajit Guha. O projeto do grupo, que provocou um amplo debate, é nada menos que reescrever a história da Índia, especialmente a história do movimento pela independência antes de 1947. O objetivo é dar aos diferentes grupos dominados (as "classes subalternas", como chamava Gramsci) seu lugar adequado junto às elites, de cujas atividades estão cheias as histórias da independência anteriores. Sob esse aspecto, a obra de Edward Thompson – cujo pai trabalhou na Índia e simpatizava com o movimento de independência – foi uma inspiração.[4]

A obra publicada pelo Grupo de Estudos Subalternos é também diferenciada por sua preocupação com a cultura política, especialmente com a cultura que informa "a condição subalterna". Tanto obras de literatura como documentos oficiais foram empregados como fontes da "mentalidade da subalternidade". Também aqui

Edward Thompson serviu de modelo, embora, diferentemente dele, o grupo sempre tenha tido grande interesse pela teoria cultural, incluindo a obra de Lévi-Strauss, Foucault e Derrida.

Para um exemplo concreto da abordagem do grupo, podemos tomar o estudo de Shahid Amin sobre a imagem de Gandhi na "consciência camponesa", que enfatiza a maneira pela qual "padrões preexistentes de crença popular" formaram essa imagem (aqui, mais uma vez, vemos o interesse pelos esquemas). Circulavam histórias descrevendo os poderes ocultos de Gandhi, e o culto ao líder era uma versão leiga da devoção (*bhakti*) a Krishna e outros deuses. O estudo lança luz sobre algumas das questões sobre transmissão da tradição levantadas no Capítulo 5. Por um lado, podemos dizer que as tradições religiosas estavam sendo secularizadas. Por outro, é claro que as atitudes e práticas políticas eram profundamente influenciadas pelas crenças religiosas. "Hibridização cultural", mais que "modernização da tradição", parece ser a melhor descrição do processo analisado por Amin.[5]

Ajudado pelo crescimento do interesse internacional em estudos pós-coloniais, o movimento atraiu uma atenção cada vez maior fora da Índia. Foi fundado um grupo de Estudos Subalternos Latino-Americanos, e um artigo escrito em 1996 examina a influência da "abordagem subalterna" nas histórias da Irlanda.[6] A recepção dos trabalhos do Grupo de Estudos Subalternos é um bom exemplo da globalização dos escritos históricos que ocorre atualmente, e também serve de ilustração para os vínculos entre cultura e política, tanto no presente como no passado. Além disso, mostra como as ideias são submetidas a testes no processo de tentar empregá-las fora do contexto para o qual foram originalmente desenvolvidas.

Não obstante esses estudos de cultura política, um grande número de temas importantes ainda espera por seus historiadores culturais. Os vínculos entre política e mídia mal começam a ser explorados, com estudos sobre a "cultura da notícia" – como, por exemplo, o papel dos boletins de notícias na guerra civil inglesa ou a política dos escândalos de corte.[7] As oportunidades são particularmente óbvias em relação aos séculos XIX e XX, já que a NHC vem sendo dominada por especialistas em Idade Média e começo do período moderno. Até agora, ninguém, que eu saiba, tentou escrever a antropologia histórica dos parlamentos ou do corpo diplomático moderno e seus rituais – embora tenham-se feito estudos sobre as festividades políticas na era do nacionalismo.[8]

A história cultural da violência

Embora não exista uma antropologia histórica do exército moderno, há pelo menos um estudo sobre a Primeira Guerra Mundial da perspectiva da história do corpo. O historiador militar John Keegan, bem conhecido por sua história social das batalhas, defende agora que a guerra é um fenômeno cultural. A Primeira Guerra Mundial, em particular, vem sendo discutida do ponto de vista cultural, focalizando-se a ameaça de guerra na formação da geração de 1914, por exemplo, ou seus efeitos culturais, incluindo a relação entre guerra e modernidade.[9]

Historiadores especializados em castelos estão agora se voltando para a cultura, rejeitando o determinismo militar – ou seja, a construção do castelo explicada puramente em termos de defesa – e enfatizando, em vez disso, a importância da exibição de riqueza, poder e hospitalidade – em outras palavras, o castelo como teatro. Até mesmo a história naval está começando a ser abordada desse ponto de vista, como num estudo sobre o mar do Norte como "teatro marítimo" para espetáculos navais montados pela Grã-Bretanha e pela Alemanha em torno de 1900, o aspecto cultural de sua corrida pelas armas.[10]

É muito fácil ver por que o tópico da violência hoje, mais do que nunca, atrai os historiadores culturais. A sugestão de que a violência tem uma história cultural pode parecer surpreendente, já que ela muitas vezes é vista como a erupção de um vulcão, a expressão de impulsos humanos que nada têm a ver com a cultura. O argumento de que é uma espécie de teatro pode até parecer escandaloso, já que se derrama sangue de verdade.

No entanto, a analogia do teatro não pretende negar o derramamento de sangue. O antropólogo holandês Anton Blok apontou o problema principal ao chamar atenção para a importância de se lerem as mensagens enviadas pelos violentos, isto é, os elementos simbólicos de ação (mesmo que os agentes não estejam, eles próprios, conscientes do simbolismo). A proposta da abordagem cultural é revelar o significado da violência aparentemente "sem significado", as regras que governam seu emprego. Como observou Keith Baker: "A ação de um amotinado ao pegar uma pedra já não pode ser entendida fora do campo simbólico que lhe dá significado, da mesma forma que a ação de um padre ao elevar o cálice sacramental." Assim, historiadores inspirados na obra dos antropólogos Mary Douglas e Victor Turner estudaram o linchamento de um sul-americano no século XIX como "um roteiro moral", e os tumultos de Nápoles em 1647 como um "drama social".[11]

A violência das multidões nas guerras religiosas francesas do final do século XVI atraiu particular atenção dos historiadores. A pioneira, aqui como em outras partes, foi Natalie Davis. Pensar no Holocausto e na violência política da década de 1960 levou-a a ver o século XVI sob nova luz. Vários historiadores franceses, especialmente Denis Crouzet, seguiram metodologia semelhante.[12]

Esses historiadores diferem entre si em diversos pontos, mas também têm muito em comum, particularmente Davis e Crouzet. Observam o papel importante dos jovens, e mesmo dos meninos,

nos atos de violência, seja isso explicado pela licença festiva, seja pela associação tradicional entre criança e inocência. Reconstroem o repertório cultural de ações disponíveis para os participantes, um repertório tomado em parte da liturgia, em parte dos rituais da lei e em parte das peças de mistério da época. Discutem os aspectos lúdicos ou carnavalescos dos tumultos, lançando mão das ideias de Mikhail Bakhtin sobre violência festiva.

Eles também consideram os significados religiosos dos acontecimentos. Crouzet compara os amotinados às pessoas "possuídas" por deuses ou espíritos nos rituais religiosos. Davis sugere que devemos ler os tumultos como rituais de purificação, tentativas de limpar a comunidade da perversão. Voltando à discussão sobre performance, do Capítulo 5, podemos dizer que os amotinados encenavam a metáfora da purificação, e também sugerir que suas ações ajudaram a construir a comunidade, dramatizando a exclusão dos que estão de fora.[13]

É razoável esperar por futuros estudos sobre limpeza étnica e por aquilo que pode ser chamado de "história cultural do terrorismo".[14]

A história cultural das emoções

A violência discutida na seção anterior era a expressão de emoções fortes. As emoções têm uma história? Nietzsche achava que sim. Em *A gaia ciência* (1882) ele se queixava de que "até agora tudo o que dá cor à existência ainda não tem uma história ... onde se pode encontrar uma história do amor, da avareza, da inveja, da consciência, da piedade, ou da crueldade?"

Alguns dos historiadores discutidos nos capítulos anteriores concordariam com isso, a começar por Jacob Burckhardt, cujas referências a inveja, raiva e amor na Itália renascentista Nietzsche de algum modo não viu, embora conhecesse pessoalmente o autor.[15] Em seu *Outono da Idade Média*, Johan Huizinga discutiu o que chamou de "alma apaixonada e violenta da época" – a oscilação emocional e a falta de autocontrole características dos indivíduos do período. Vinte anos mais tarde, Norbert Elias usou o estudo de Huizinga como base para sua própria história cultural das emoções, mais especialmente das tentativas de controlar as emoções como parte do "processo civilizatório".

Apesar desses exemplos, foi há relativamente pouco tempo que a maioria dos historiadores começou a levar as emoções a sério. Uma história das lágrimas, por exemplo, seria quase inconcebível antes da década de 1980, pelo menos fora de certos círculos na França, mas hoje elas são consideradas parte da história, mais especialmente da história da "revolução afetiva" do final do século XVIII, o contexto dos lacrimejantes leitores de Rousseau. Uma das perguntas mais frequentemente formuladas nesses estudos é: quem chora? Por exemplo, quando e onde o código permite que os homens chorem? De uma forma mais geral, quais são os diversos significados e usos do choro em diferentes períodos, as diversas "economias das lágrimas"?[16]

No mundo de fala inglesa, o interesse pela história das emoções é particularmente associado a Peter Gay, Theodore Zeldin e Peter e Carol Stearns. Zeldin passou da política de Napoleão III para o que ele chama (seguindo os irmãos Goncourt) de a "história íntima" da ambição, do amor, da preocupação e de outras emoções na França do século XIX; e Peter Gay, seguindo sua formação em psicanálise, passou da história intelectual da Idade da Razão para a psico-história dos amores e ódios da burguesia do século XIX.[17]

Carol e Peter Stearns publicaram em conjunto um manifesto em prol da "emocionologia histórica", monografias sobre a raiva e o ciúme e um estudo mais geral sobre as mudanças de "estilo" emocional nos Estados Unidos do começo do século XX, intitulado *American Cool* (1994). Argumentam que houve três tipos de mudanças: na ênfase dada às emoções de modo geral; na importância relativa de sentimentos específicos; e no controle ou "administração" das emoções.

Uma estrutura alternativa foi proposta por William Reddy em *The Navigation of Feeling* (2001). Lançando mão tanto da antropologia e da psicologia das emoções, Reddy apresenta um conjunto de conceitos interconectados. Como Carol e Peter Stearns, chama a atenção para a "administração" emocional, ou, como diz ele, a "navegação", tanto em nível individual como social. Ligada a essa noção está sua ideia de "regime emocional". No entanto, sua abordagem é também exemplo da recente "virada performativa" (ver Capítulo 5). Reddy discute a linguagem das emoções em termos de "elocuções performativas". Uma declaração de amor, por exemplo, não é, ou não é apenas, uma expressão dos sentimentos. É uma estratégia de encorajamento, amplificação ou mesmo transformação dos sentimentos do ser amado.

Distanciando-nos dessas sugestões, cujas implicações ainda terão de ser trabalhadas, pode-se sugerir que os historiadores das emoções enfrentam um dilema básico. Eles precisam decidir se são maximalistas ou minimalistas, em outras palavras, se acreditam na historicidade ou na não historicidade essencial das emoções. Das duas, uma: ou as emoções específicas, ou o pacote inteiro de emoções em uma dada cultura (a "cultura de emoções" local, como chamam Carol e Peter Stearns) são submetidos a mudanças fundamentais ao longo do tempo. Ou ainda, eles permanecem essencialmente os mesmos em diferentes períodos.

Os estudiosos que escolheram o lado "minimalista" do dilema são forçados a se limitar ao estudo das atitudes conscientes com respeito às emoções. Escrevem uma história intelectual sólida, mas não se trata realmente de história das próprias emoções. Por outro lado, aqueles que preferem a opção "maximalista" são mais inovadores. O preço que pagam é que suas conclusões são muito mais difíceis de sustentar. Em documentos antigos, é fácil encontrar evidências de atitudes conscientes a respeito de raiva, medo, amor e assim por diante, mas as conclusões sobre mudanças fundamentais a longo prazo são necessariamente muito mais especulativas.

Em um famoso estudo, o classicista Eric Dodds, tomando de empréstimo uma frase de seu amigo, o poeta W.H. Auden, descreveu o final do período clássico como uma "era de ansiedade". *Pagan and Christian in an Age of Anxiety* (1965) é um livro com pontos de vista perspicazes que focalizam a experiência religiosa, mas também discute os sonhos e as atitudes do corpo. No entanto, o título do livro cria um problema que o autor pouco faz para resolver. As pessoas são mais ansiosas em um período histórico que em outro ou sofrem de ansiedades diferentes? Mesmo se fosse este o caso, como um historiador poderia encontrar evidências para estabelecer tal fato?

A história cultural da percepção

O interesse crescente pela história dos sentidos corre paralelo ao interesse pelas emoções. Há uma tradição de estudos sobre a visão (o livro de Smith, por exemplo, *European Vision and the South Pacific*, e o de Baxandall, *Painting and Experience in Fifteenth-Century Italy*, ambos discutidos no Capítulo 3), bem como trabalhos sobre o olhar, inspirados em Foucault. Foram feitas referências ocasionais ao som do passado por Johan Huizinga e Gilberto Freyre, que descreveu o rumor das saias nas escadas da casa-grande no Brasil colonial. Freyre, além disso, descreveu o odor dos quartos de dormir no Brasil do século XIX, uma combinação de cheiros de pés, mofo, urina e sêmen. Na última geração, no entanto, encontramos tentativas ambiciosas de escrever sobre todos os sentidos em detalhes.

Em *Rembrandt's Eyes* (1999), por exemplo, Simon Schama tenta, com sua audácia característica, apresentar a cidade de Amsterdã no século XVII tal como ela se apresentava aos cinco sentidos. Evoca seus cheiros, especialmente os de sal, madeira podre e fezes humanas, e, em certos lugares, de ervas e especiarias. Descreve seus sons, os carrilhões de muitos relógios, "o marulhar das águas dos canais batendo nas pontes", o serrar das madeiras e, no que ele chama de "zona clangorosa", onde se faziam armas, o som do martelo sobre o metal. Os leitores podem estar se perguntando quais poderiam ter sido as fontes para tal relato evocativo, de modo que vale a pena lembrar o valor, neste aspecto, dos diários de viagem, já que os viajantes são hipersensíveis a sensações a que não estão acostumados.

Cheiro e som são os domínios sobre os quais mais se escreveu nos últimos anos, com destaque para o historiador francês Alain Corbin. Em *Saberes e odores* (1986), um estudo sobre o que o autor chama de "imaginação social francesa", Corbin destaca modos de percepção, sensibilidades, o simbolismo dos cheiros e as práticas higiênicas. Em uma criativa adaptação de uma ideia de Norbert Elias, Corbin liga essas práticas a um estreitamento da "fronteira" de tolerância com relação aos maus cheiros no início do século XIX, época de repulsa burguesa pelo que era percebido como o "fedor dos pobres". Como diz outro estudioso, "cheiro é cultural", no sentido de que "os odores estão investidos de valores culturais", da mesma forma como o cheiro é histórico, porque suas associações mudam com o tempo.

No rastro de Corbin, e de romances como *O perfume* (1985), de Patrick Süskind, situado na França do século XVIII e que conta a história de um homem obcecado pelo cheiro, o tema tem atraído novos historiadores. Até agora eles vêm se concentrando na enorme distância entre a "cultura do cheiro" mais ou menos desodorizada do século XX e a de épocas anteriores. À medida que as pesquisas avancem, é de esperar que surjam outras distinções importantes.[18]

Do cheiro, Corbin passou para a história do som, em *Village Bells* (1994), preocupado com o que chama de história da "paisagem sonora" (*le paysage sonore*) e com "a cultura sensível" (*culture sensible*). É apropriado que um historiador francês tenha aberto esse campo, já que Lucien Febvre sugeriu, na década de 1940, que o século XVI era a idade do ouvido. O debate sobre a primazia de diferentes sentidos em diversos períodos parece agora bastante estéril, mas Corbin mostra que a história do som pode ser escrita de outra maneira. Ele afirma, por exemplo, que os sinos eram ouvidos de forma diferente no passado porque estavam associados à piedade e ao paroquialismo – em francês, *l'esprit de clocher*, espírito de campanário. À medida que essas associações foram ficando mais fracas, a fronteira de tolerância tornou-se mais estreita, e as pessoas começaram a expressar objeções à invasão de seus ouvidos pelo som dos sinos. Como no caso do cheiro, Corbin estava um pouco à frente de seu tempo, mas hoje existe um conjunto significativo de estudos históricos sobre o som.[19]

A maioria das histórias do som concentra-se no que chamam de "ruído", mas a história da música também pode ser abordada nessa direção, como uma forma da história da percepção. Em *Listening in Paris* (1995), James Johnson apresenta uma história cultural da percepção da música nos séculos XVIII e XIX, usando como evidências, por mais paradoxal que isso possa parecer, tanto imagens como textos, e argumenta em prol de uma "nova maneira de ouvir" ao final do Ancien Régime. Segundo Johnson, a revolução no modo de ouvir consistiu, em primeiro lugar, em prestar atenção à música, em vez de cochichar ou olhar para outros membros da audiência; em segundo lugar, no envolvimento emocional crescente com o som, mais que com as palavras – nesse ponto, o livro é um exemplo da virada para a história da recepção discutida antes (ver capítulos 4 e 5). Como os leitores da época, especialmente os leitores de Rousseau, as audiências parisienses ao final do século XVIII derramavam rios de lágrimas na ópera e nas salas de concertos. A moral desse exemplo é a importância de se escrever uma história geral dos sentidos, mais que uma história dividida em visão, audição, olfato, e assim por diante.[20]

A vingança da história social

Um cenário alternativo à expansão da NHC é o de uma reação contra ela, uma sensação cada vez mais forte de que seu império foi longe demais, de que muitos territórios políticos ou sociais foram perdidos para a "cultura". A ideia de um deslocamento "da história social da cultura para a história cultural da sociedade" (como Chartier o expressou) não agradou a todos. A ideia da construção cultural é algumas vezes interpretada com um exemplo de "epistemologia subjetivista", um recuo da verificação, uma crença de que "qualquer coisa serve". Um estudo foi feito para uma "história pós-social" que irá quebrar não apenas a história social tradicional, como também a NHC.[21]

A reação contra a NHC – ou, pelo menos, contra alguns de seus aspectos – e as defesas que dela se fazem poderiam ser explicadas em termos das oscilações pendulares que acontecem tantas vezes na história, ou pela necessidade de uma nova geração de acadêmicos se definir contra um grupo mais antigo e tomar seu lugar ao sol. Ou ainda por uma crescente consciência no Ocidente de desigualdades globais que exigem explicações econômicas, sociais e políticas em vez de culturais.

De qualquer forma, é honesto admitir que a reação também decorre de fraquezas no programa da NHC, problemas que o tempo – juntamente com certas críticas – foi aos poucos expondo. Além dos limites do construtivismo, discutidos no capítulo anterior, há três problemas especialmente sérios: a definição de cultura, os métodos a serem seguidos na NHC e o perigo da fragmentação.

Outrora exclusiva demais, a definição de cultura se tornou agora muito inclusiva (ver Capítulo 2). Hoje é particularmente problemática a relação entre história social e história cultural. A expressão "história sociocultural" tornou-se moeda corrente. Na Grã-Bretanha, a Sociedade de História Social redefiniu seus interesses, incluindo a cultura. Não importa como descrevamos o que está acontecendo, se é a história social engolindo a história cultural ou o contrário, estamos assistindo ao aparecimento de um gênero híbrido. O gênero pode ser praticado de diversas maneiras, e alguns historiadores colocam a ênfase mais na parcela cultural, enquanto outros, no aspecto social. Os historiadores da leitura, por exemplo, podem focalizar textos específicos, sem esquecer a variedade de seus leitores, ou podem concentrar-se em diferentes grupos de leitores, sem excluir o conteúdo do que estava sendo lido.

No momento, os termos "social" e "cultural" parecem estar sendo usados de maneira quase intercambiável, para descrever a história dos sonhos, por exemplo, da linguagem, do humor, da memória ou do tempo. As distinções podem ser úteis. Minha inclinação seria reservar o termo "cultural" para a história de fenômenos que parecem "naturais", como os sonhos, a memória e o tempo. Por outro lado, como a linguagem e o humor são obviamente artefatos culturais, parece ser mais apropriado empregar o termo "social" para se referir a uma abordagem particular de sua história.

Qualquer que seja a forma que usemos os dois termos, a relação entre "cultura" e "sociedade" permanece problemática. Há uma geração, em seu ensaio "Thick Description" (Descrição densa) (ver Capítulo 3), um dos principais incentivadores da virada cultural, Clifford Geertz, já havia observado que o perigo da análise cultural era "perder contato com as superfícies duras da vida", como as estruturas políticas e econômicas. Sem dúvida ele estava certo em sua previsão, e devemos esperar que, no que se pode chamar de "idade pós-pós-moderna", as conexões sejam restabelecidas.

Por mais valioso que seja o projeto construtivista para a "história cultural da sociedade", ele não substitui a história social da cultura, inclusive a história do próprio construtivismo. Pode muito bem ter chegado o tempo de ir além da virada cultural. Como sugeriram Victoria Bonnell e Lynn Hunt, a ideia do social não deve ser alijada, mas reconfigurada.[22] Os historiadores especializados em leitura, por exemplo, precisam estudar "comunidades de interpretação"; os historiadores da religião, "comunidades de crença"; os historiadores da prática, "comunidades de prática"; os historiadores da linguagem, "comunidades de fala; e assim por diante. Na verdade, os estudos sobre a recepção de textos e imagens discutidos anteriormente em geral fazem a grande pergunta social: "Quem?" Em outras palavras, que tipos de pessoas estavam olhando para esses objetos em particular em um determinado espaço e tempo?

Controvérsias sobre a definição estão ligadas a controvérsias sobre o método. Como a *nouvelle histoire* francesa da década de 1970, a NHC ampliou o território do historiador, incluindo novos objetos de estudo, como cheiro e ruído, leituras e coleções, espaços e corpos. As fontes tradicionais não foram suficientes para tais propósitos, e tipos relativamente novos – da ficção às imagens – foram obrigados a entrar em ação. Mas novas fontes exigem suas próprias formas de críticas, e as regras para ler quadros como evidências históricas, para dar apenas um exemplo, ainda não são claras.[23]

A ideia de cultura como um texto que antropólogos ou historiadores possam ler é muito tentadora, mas também bastante problemática. De qualquer forma, vale a pena observar que antropólogos e historiadores não usam a metáfora da leitura da mesma forma. Como aponta Roger Chartier, Geertz estudou as brigas de galo em Bali observando brigas específicas e conversando com os participantes, enquanto Darnton analisou o massacre dos gatos com base em um texto do século XVIII que descrevia o acontecimento (ver Capítulo 3).

Um problema fundamental com a metáfora da leitura é que ela parece permitir a intuição. Quem está em posição de arbitrar quando dois leitores intuitivos discordam? É possível formular regras de leitura, ou, pelo menos, identificar leituras incorretas?

No caso dos rituais, o debate está apenas começando. Um crítico tentou eliminar esse conceito do vocabulário de historiadores do começo da Idade Média, argumentando que havia uma deficiência de articulação entre os modelos antropológicos e os textos dos séculos IX e X. A advertência é correta, no sentido de que, se vamos descrever certos acontecimentos como "rituais", precisamos ter clareza a respeito dos critérios para fazê-lo. Se, por outro lado, como sugerimos acima, pensamos em termos de práticas mais ou menos ritualizadas, o problema desaparece.[24]

De qualquer forma, examinar o tema por meio de um único método empobrece a história cultural. Problemas diferentes exigem métodos diferentes. Abandonados por muitos estudiosos ao longo da virada cultural, os métodos quantitativos mostraram sua utilidade na história cultural tanto quanto na história social tradicional. Na obra do historiador francês Daniel Roche, por exemplo, esteja ele estudando a história das academias, dos livros ou dos vestuários (ver Capítulo 4), acontece uma mistura feliz de métodos quantitativos e qualitativos.

Existe, também, o problema da fragmentação. Como vimos no Capítulo 1, os primeiros historiadores culturais tinham ambições holísticas. Gostavam de fazer conexões. Nos anos 1980, alguns importantes historiadores culturais, particularmente nos Estados Unidos, defenderam a abordagem cultural como remédio para a fragmentação, "uma base possível para a reintegração da historiografia norte-americana".[25]

O problema é que a cultura muitas vezes parece agir como uma força que encoraja a fragmentação, seja nos Estados Unidos, na Irlanda ou nos Bálcãs. Já discutimos a contribuição das diferenças culturais para os conflitos políticos na Irlanda (ver Capítulo 3). Argumento semelhante sobre *The Disuniting of America* (1992) foi apresentado por outro historiador, Arthur M. Schlesinger Jr., que chama atenção para o que se perdeu com a atual proeminência das identidades étnicas nos Estados Unidos.

Em um nível muito diferente, a ascensão da tendência intelectual descrita anteriormente como "ocasionalismo" (ver Capítulo 5) implica uma visão fragmentada dos grupos sociais ou mesmo do indivíduo. Trata-se de uma visão caracteristicamente "pós-moderna", no sentido de ver o mundo como um lugar mais fluido, flexível e imprevisível do que parecia ser, nas décadas de 1950 e 1960, para sociólogos, antropólogos sociais e historiadores sociais.

A ascensão da micro-história certamente é parte dessa tendência, embora Natalie Davis, digamos, Emmanuel Le Roy Ladurie ou Carlo Ginzburg neguem veementemente quaisquer intenções pós-modernistas.[26] Como os etnógrafos, os micro-historiadores enfrentam o problema da relação entre os pequenos grupos que estudam em detalhe e o todo mais amplo. Como o próprio Geertz afirmou em "Thick Description", o problema é "como obter, de uma coleção de miniaturas etnográficas ... as paisagens culturais da nação, da época, do continente ou da civilização". Seu estudo sobre brigas de galo muitas vezes fala dos "balineses", mas o leitor pode se perguntar se as atitudes discutidas são partilhadas por todos em Bali, ou apenas pelos homens, ou ainda pelos homens de certos grupos sociais, possivelmente excluindo a elite.

De maneira semelhante, como vimos, algumas críticas ao "massacre de gatos" de Darnton centravam-se na questão de saber se é permitido ao historiador tirar conclusões sobre características nacionais a partir de um único incidente menor. O estudo levanta a questão de Geertz de forma ainda mais acurada, já que o antropólogo usou um estudo sobre uma aldeia para chegar a conclusões sobre uma pequena ilha, enquanto o historiador teve de fazer uma ponte para cobrir a separação entre um grupo de aprendizes e a população da França do século XVIII. Para quem, pode-se perguntar, o massacre dos gatos era engraçado?

Em suma, não faltam problemas aos historiadores culturais. A seguir, discutirei estudos de fronteiras, encontros e narrativas para ver se algum deles apresenta soluções a pelo menos alguns dos problemas acima levantados.

Fronteiras e encontros

Em 1949, Fernand Braudel já discutia, em seu famoso livro *Os homens e a herança no Mediterrâneo,* a importância das "fronteiras culturais" tais como o Reno e o Danúbio, desde a Roma Antiga até a Reforma. Mas só há relativamente pouco tempo a expressão passou a ser de uso frequente em diferentes linguagens, talvez porque ofereça aos historiadores culturais um modo de enfrentar a fragmentação.

A ideia de fronteira cultural é atraente. Pode-se até mesmo dizer que é atraente demais, porque encoraja os usuários a escorregar, sem perceber, dos usos literais aos usos metafóricos da expressão, deixando de distinguir entre fronteiras geográficas e fronteiras de classes sociais, por exemplo, entre o sagrado e o profano, o sério e o cômico, a história e a ficção. O que se analisa a seguir concentra-se nos limites entre culturas.

Aqui também é necessário fazer distinções, por exemplo, entre as visões de fora e as visões de dentro de uma dada cultura. De fora, muitas vezes as fronteiras parecem ser objetivas e até mesmo mapeáveis. Quem estuda a história da alfabetização na França, particularmente entre os séculos XVII e XIX, conhece a famosa linha diagonal de St.-Malo a Genebra, que separa a zona nordeste de maior alfabetização da zona sudoeste, onde menos pessoas sabiam ler. Outros mapas culturais mostram a distribuição de mosteiros, universidades e tipografias em diferentes partes da Europa, ou a distribuição dos seguidores de diversas religiões na Índia.

Mapas desse tipo são uma forma efetiva de comunicação, muitas vezes mais rápida e mais fácil de lembrar que uma paráfrase em palavras. De qualquer forma, como as palavras e os números, os mapas podem enganar. Eles parecem implicar uma homogeneidade no interior de uma dada "área de cultura" e uma distinção clara entre os diferentes espaços. O contínuo entre Alemanha e Holanda (digamos) é transformado em uma linha contínua, enquanto pequenos grupos de hinduístas em uma área predominantemente muçulmana ficam invisíveis.

A visão de fora precisa ser suplementada por outra, de dentro, destacando a experiência de cruzar as fronteiras entre "nós" e "eles" e encontrar a Alteridade com "a" maiúsculo (e lembremo-nos de que os franceses foram os primeiros a produzir uma teoria de *l'Autre*). Tratamos aqui dos limites simbólicos entre comunidades imaginadas, limites que resistem aos mapeamentos precisos. De qualquer forma, os historiadores não podem se dar ao luxo de esquecer sua existência.

Outra distinção útil se refere às funções das fronteiras culturais. Historiadores e geógrafos costumavam vê-las basicamente como barreiras. Hoje, por outro lado, a ênfase tende a cair nas fronteiras como lugares de encontro ou "zonas de contato". Ambas as concepções têm seus usos.[27]

Muros e arame farpado não podem impedir o trânsito de ideias, mas daí não decorre que inexistam barreiras culturais. Há pelo menos alguns obstáculos físicos, políticos e culturais, inclusive a língua e a religião, que diminuem a velocidade dos movimentos culturais ou que os desviam para canais diferentes. Braudel estava particularmente interessado em zonas de resistência a tendências culturais, na "recusa a tomar emprestado", como disse ele, associando essa recusa à resistência das civilizações, seu poder de sobrevivência. Os exemplos incluem a longa resistência japonesa à cadeira e à mesa e a "rejeição" à Reforma no mundo mediterrâneo.[28]

Outro exemplo famoso de rejeição é a resistência à imprensa no mundo islâmico, que durou até o final do século XVIII. Na verdade, o mundo do islã tem sido visto como uma barreira separando as duas zonas em que se imprimiam livros, a Ásia Oriental e a Europa. Os chamados "impérios da pólvora" (otomano, persa e mughal) não eram hostis às inovações tecnológicas, mas se mantiveram como impérios manuscritos ou "Estados caligráficos" até o ano de 1800, mais ou menos.

Um incidente ocorrido em Istambul no começo do século XVIII revela o poder dessas forças de resistência. Um húngaro convertido ao islã (que antes era pastor protestante) enviou um memorando ao sultão defendendo a importância da imprensa, e em 1726 obteve permissão para imprimir livros leigos. No entanto, líderes religiosos se opuseram a esse empreendimento. Ele imprimiu apenas alguns livros, e a tentativa não durou muito tempo. Só no século XIX o islã e a imprensa estabeleceram uma aliança.[29]

A segunda função de uma fronteira cultural é oposta à primeira: um lugar de encontro ou zona de contato. As fronteiras muitas vezes são regiões com uma cultura própria, claramente híbrida. No início dos Bálcãs modernos, por exemplo, alguns cristãos tinham o hábito de adorar em santuários muçulmanos, enquanto alguns muçulmanos, por sua vez, frequentavam santuários cristãos. Da mesma forma, ao longo das guerras contra os turcos nos séculos XVI e XVII, poloneses e húngaros adotaram modos turcos de lutar, tais como o uso da cimitarra, e foram eles que apresentaram ao restante da Europa o estilo otomano de cavalaria ligeira, na forma de regimentos de lanceiros e hussardos.

O épico e a balada são gêneros que floresceram especialmente nas fronteiras, entre cristãos e muçulmanos na Espanha e no Leste da Europa, por exemplo, ou entre ingleses e escoceses. As mesmas histórias de conflito muitas vezes foram cantadas em ambos os lados da fronteira, com os mesmos protagonistas (Rolando, Johnnie Armstrong ou Marko Kraljević), embora os heróis e vilões algumas vezes mudassem de lugar. Em suma, as fronteiras são, frequentemente, palcos de encontros culturais.

Interpretação dos encontros culturais

Uma das razões pelas quais é improvável que a história cultural desapareça, apesar das reações contra ela, é a importância dos encontros culturais em nossa época, gerando uma necessidade cada vez mais urgente de compreendê-los no passado.

A expressão "encontros culturais" passou a ser usada em substituição à palavra etnocêntrica "descoberta", especialmente a partir de 1992, com as comemorações dos 500 anos do desembarque de Colombo nas Américas. Ela está associada a novas perspectivas, dando atenção tanto à "visão dos vencidos", como chamou o historiador mexicano Miguel León-Portilla, quanto à visão dos vencedores.[30] Os historiadores tentaram reconstruir as maneiras como os habitantes do Caribe perceberam Colombo, os astecas perceberam Cortez, ou os havaianos, o capitão Cook (o plural "maneiras" enfatiza o fato de que diferentes havaianos – por exemplo, homens e mulheres, ou chefes e povo – podem ter percebido o encontro de modo diferente). Ligada à ideia de embate está a discussão cada vez mais frequente de trocas culturais, mobilidade, transferências ou trânsito.[31]

A preocupação com o mal-entendido está se tornando cada vez mais central em estudos desse tipo, embora o conceito de "mal-entendido", implicando uma alternativa correta, muitas vezes seja contestado. Em vez disso, pode-se empregar a expressão "tradução cultural". A ideia de que o entendimento de uma cultura estrangeira é análogo ao trabalho de tradução se tornou corrente em meados do século XX entre os antropólogos do círculo de Edward Evans-Pritchard. Historiadores culturais tornaram-se cada vez mais interessados na ideia.

Uma situação em que se torna particularmente esclarecedor pensar nesses termos é a história das missões. Quando os missionários europeus tentavam converter para o cristianismo os habitantes de outros continentes, muitas vezes buscavam apresentar sua mensagem de modo a produzir a aparência de que estavam em harmonia com a cultura local. Em outras palavras, acreditavam que era possível traduzir o cristianismo, e tentavam encontrar equivalentes locais para ideias como "salvador", "trindade", "mãe de Deus", e assim por diante.[32]

Tanto quem recebia como quem transmitia se engajavam no processo de tradução. Indivíduos e grupos nativos da China, Japão, México, Peru, África e outros lugares, ao sentirem-se atraídos por aspectos particulares da cultura ocidental – do relógio mecânico à arte da perspectiva –, realizavam uma ação que já foi descrita como uma "tradução", no sentido de que nos adaptavam à sua própria cultura, tirando esses elementos de um contexto e inserindo-os em outro. Como normalmente estavam interessados em itens específicos, e não nas estruturas em que eles originalmente se inseriam, os grupos nativos praticavam uma espécie de *bricolage*, seja literal, no caso de artigos da cultura material, seja metafórica, no caso das ideias. A noção de Michel de Certeau de "reutilização" (ver Capítulo 5) parece aqui particularmente relevante.

Um exemplo dentre os muitos possíveis vem da África do século XIX, tal como descrito no livro do historiador britânico Gwyn Prins, *The Hidden Hippopotamus* (1980). Prins trata de um encontro ocorrido em 1886 entre o missionário protestante francês François Coillard e o rei Lewanika de Bulozi. Coillard, fundador da missão Zambezi, acreditava estar convertendo os "pagãos" e introduzindo um novo sistema de crenças. No entanto, a caminho do encontro com o rei, foi-lhe pedido um presente, um metro de chita, e ele concordou, sem perceber que isso seria visto como a oferenda de um sacrifício ao túmulo real. Essa ação transformou-o de missionário em chefe, e abriu a possibilidade de Lewanika atribuir-lhe um lugar no sistema político local.

Um conceito alternativo, de muito sucesso nas duas últimas décadas, é o da hibridez cultural. Os termos rivais têm suas vantagens e desvantagens.

"Tradução" tem a vantagem de enfatizar o trabalho que deve ser feito por indivíduos e grupos para domesticar o estrangeiro, assim como as estratégias e as táticas empregadas. O problema é que esse trabalho de domesticação nem sempre é consciente. Quando o explorador português Vasco da Gama e seus homens entraram em um templo hindu pela primeira vez, acreditaram estar em uma igreja, e "viram" a escultura indiana de Brahma Vishnu e Shiva como uma representação da Trindade. Aplicavam um esquema perceptual de sua própria cultura para interpretar o que viam, sem perceber o que estavam fazendo. Podemos falar de tradução inconsciente?

O termo "hibridez", por outro lado, abre espaço para esses processos inconscientes e as consequências não intencionais. A fraqueza dessa metáfora botânica é o contrário da de sua rival: ela dá facilmente a impressão de um processo tranquilo e "natural", omitindo completamente o agenciamento humano.

Um terceiro modelo de mudança cultural vem da linguística. Nesta era de encontros culturais, os linguistas estão cada vez mais interessados no processo que descrevem como "crioulização", ou seja, a convergência de duas línguas para criar uma terceira, muitas vezes tomando a maioria da gramática de uma e a maioria do vocabulário de outra. Os historiadores culturais estão passando a achar essa ideia muito útil para analisar as consequências de encontros nos campos de religião, música, culinária, vestuário ou até mesmo das subculturas da microfísica.[33]

Narrativa na história cultural

Um encontro é um acontecimento, e assim nos leva a considerar o possível lugar, na história cultural, das narrativas de acontecimentos, antes associadas à história política tradicional. Uma geração atrás, o historiador social Lawrence Stone observou com pesar o que chamou de "renovação da narrativa". No entanto, a tendência que ele identificou poderia ser descrita com mais precisão como uma busca de novas formas de narrativa para lidar com a história social e cultural.[34]

Essa é uma questão paradoxal. Os historiadores sociais radicais rejeitavam a narrativa porque a associavam a uma ênfase excessiva sobre os grandes feitos de grandes homens, à importância dos indivíduos na história e especialmente à supervalorização da importância dos líderes políticos e militares em detrimento dos homens – e mulheres – comuns. Mas a narrativa retornou, junto com uma preocupação cada vez maior com as pessoas comuns e as maneiras pelas quais elas dão sentido às suas experiências, suas vidas, seus mundos.

No caso da medicina, por exemplo, os médicos têm hoje mais interesse que antes nas histórias contadas pelos pacientes a respeito de suas doenças e suas curas. No caso do direito, o que é conhecido como "*legal storytelling movement*" (movimento legal em prol das histórias) desenvolveu-se na década de 1980 nos Estados Unidos. O movimento está ligado a uma preocupação com grupos tradicionalmente subordinados, em especial minorias étnicas e mulheres, porque as histórias contadas pelos membros desses grupos desafiam um sistema legal criado por advogados brancos e do sexo masculino que nem sempre tiveram em mente as necessidades e interesses de outros grupos.

De maneira semelhante, o atual interesse histórico pela narrativa é, em parte, um interesse pelas práticas narrativas características de uma cultura em particular, as histórias que as pessoas naquela cultura "contam a si mesmas sobre si mesmas" (ver Capítulo 3). Tais "narrativas culturais", como foram chamadas, oferecem pistas importantes para o mundo em que foram contadas. Um exemplo curioso e perturbador vem da Rússia, onde o mito da morte violenta do filho do czar foi reencenado quatro vezes no começo do período moderno, com a "imolação de Ivan pelo pai, Ivan o Terrível, de Dimitri por Boris Godunov, de Aléxis por Pedro o Grande, de Ivan por Catarina II".[35]

Também há um interesse cada vez maior pela narrativa como uma força histórica por direito próprio. O estudo de Lynn Hunt sobre a Revolução Francesa, discutido anteriormente, examinou as "estruturas narrativas" subjacentes à retórica dos revolucionários, o enredo da transição do velho regime para a nova ordem, seja como comédia, seja como romance.

Estudos sobre o antissemitismo na Idade Média, realizados por Ronnie Hsia e Miri Rubin, concentraram-se nos rumores recorrentes acusando os judeus de violarem a hóstia e do assassinato ritual de crianças, rumores que foram gradualmente se consolidando em uma narrativa, discurso ou mito cultural. As histórias ajudaram a definir uma identidade cristã, mas também constituíram um "ataque narrativo" aos judeus, uma forma de violência simbólica que levou à violência real, a expurgos.[36] Histórias sobre feiticeiras e seus pactos com o demônio poderiam ser analisadas em termos semelhantes.

Trabalhando com um período posterior, Judith Walkowitz também está preocupada com o que chama de "desafios narrativos gerados pela nova agenda da história cultural". Seu *City of Dreadful Delight* (1992) examinou a Londres do final do período vitoriano com lentes das narrativas contemporâneas, de denúncias sobre prostituição infantil em artigos como "O tributo das moças na Babilônia moderna" ao relato dos assassinatos cometidos por "Jack o Estripador". Tais "narrativas de risco sexual" ajudaram a produzir uma imagem de Londres como um "labirinto escuro, poderoso e sedutor". As histórias lançavam mão de um repertório cultural, mas, por sua vez, alteravam a percepção de seus leitores.

Da mesma forma, em *Ilhas de história* (1985) o antropólogo Marshall Sahlins escreveu sobre o "papel característico do signo em ação", adaptando a ideia de Kuhn de um paradigma científico desafiado por novas descobertas (ver Capítulo 4) a uma ordem cultural ameaçada por um encontro, nesse caso a chegada do capitão Cook e seus homens ao Havaí. Ele mostra os havaianos na tentativa de enquadrar Cook em suas narrativas tradicionais sobre o surgimento anual de seu deus Lono e de tratar as discrepâncias por meio de ajustes na narrativa.

Uma das consequências importantes do ensaio de Sahlins foi mostrar que é possível escrever a própria história cultural de uma forma narrativa, muito diferente dos "retratos" relativamente estáticos de épocas inteiras, como os que foram pintados por

Burckhardt e Huizinga. O desafio é fazer isso sem dar à história um enredo triunfalista – como se faz nos tradicionais livros-texto da "civilização ocidental" como uma história do progresso – ou um enredo trágico, nostálgico, como uma história das perdas.

As guerras civis, por exemplo, na Grã-Bretanha do século XVII ou nos Estados Unidos do século XIX, podem ser estudadas como conflitos culturais. Desse ponto de vista, seria possível escrever uma história narrativa fascinante sobre a Guerra Civil Espanhola, apresentando-a como uma série de colisões entre culturas regionais e culturas de classe, assim como um conflito entre ideias políticas opostas. Narrativas complexas, expressando uma multiplicidade de pontos de vista, são uma maneira de tornar inteligíveis os conflitos, bem como de resistir à tendência à fragmentação anteriormente descrita.

O exemplo da China na década de 1960 encorajou alguns historiadores a pensar sobre "revoluções culturais" do passado, especialmente no caso da França em 1789, com sua nova política cultural (ver este capítulo) e a tentativa do regime de impor uma uniformidade igualitária no vestuário, substituindo os códigos hierárquicos da velha ordem. De maneira semelhante, na esfera da linguagem havia um plano de substituir o *patois* local, ou dialeto, pelo francês, "para fundir os cidadãos em uma massa nacional", como colocou o revolucionário Henri Grégoire.[37]

Vale a pena examinar outras revoluções sob esse ponto de vista. Ao longo da Revolução Puritana, por exemplo, os teatros foram fechados e em alguns lugares adotaram-se novas práticas de denominação, com designações como "Louvor a Deus" para simbolizar a adesão aos novos ideais religiosos. Da mesma forma, a Revolução Russa incluiu uma "campanha civilizatória". Leon Trotsky, por exemplo, estava preocupado com a "fala refinada", e fez algumas tentativas de eliminar os palavrões e persuadir os oficiais do exército a usarem formas de tratamento mais educadas (*Vy*, como o *vous* francês, em vez de *Ty*, como *tu*) quando falavam com seus subordinados. Trens especiais de propaganda levavam filmes, textos e canções revolucionários às pessoas comuns de toda a Rússia.[38]

Uma história cultural das revoluções não deve supor que esses acontecimentos renovam tudo. Como no caso da conversão religiosa, a aparente inovação pode mascarar a persistência da tradição. Deve haver um lugar para as sobrevivências culturais ou mesmo para o que pode ser chamado de "retorno do reprimido", como se viu na Inglaterra em 1660, quando a monarquia foi restaurada e os teatros reabertos.

Também deve haver um lugar para as reencenações. Os líderes de uma revolução muitas vezes se viam reencenando uma revolução anterior. Os bolcheviques tinham os olhos na Revolução Francesa, por exemplo, os revolucionários franceses se viam como se reencenassem a Revolução Inglesa, e os ingleses, por sua vez, viam os acontecimentos de sua época como uma reencenação das guerras religiosas francesas do século XVI. As narrativas escritas pelos historiadores culturais precisam incorporar tais visões, sem, é claro, repeti-las acriticamente.

As reencenações não estão confinadas a revoluções. Na cultura cristã, os indivíduos algumas vezes se viram reencenando a Paixão de Cristo de Thomas Becker nos dias anteriores a seu assassinato na catedral de Canterbury a Patrick Pearse organizando a resistência aos britânicos na agência dos correios de Dublin em 1916. Da mesma forma, no Sri Lanka de nossos dias, alguns cingaleses* se veem reencenando uma das narrativas religiosas centrais à sua cultura, e colocam os tâmeis** no papel de demô-

---

* Cingaleses: grupo étnico dominante do Sri Lanka (antigo Ceilão). (N.T.)
** Tâmil: grupo étnico minoritário do Sri Lanka, que se considera uma nação distinta. (N.T.)

nios. O que Hayden White chama de "construir o enredo" pode ser encontrado não apenas na obra de historiadores, mas também nas tentativas que pessoas comuns fazem para dar sentido a seu mundo. Mais uma vez, é clara a importância de esquemas culturais ou perceptivos, mas nesse caso os esquemas informam uma narrativa, um "ataque narrativo" como aquele feito contra os judeus, de consequências destrutivas. Uma história do Sri Lanka, seja ela cultural ou política, precisa encontrar um lugar para tal narrativa, e também, é claro, para a contranarrativa tâmil. Em uma era de conflitos étnicos, é mais que provável que vejamos outros casos desse tipo de história.

7. História cultural no século XXI

Se uma semana é um longo tempo na política, segundo a famosa observação de Harold Wilson, catorze anos é um tempo muito curto na história da história. Mesmo assim, apareceram tantos estudos sobre história cultural desde que este ensaio foi publicado pela primeira vez, em 2004, que realmente cabe tecer alguns comentários. Embora nenhuma grande mudança de direção seja visível ainda – pelo menos no meu entendimento –, pode ser esclarecedor rever os acontecimentos mais recentes.

Para começar, a aparentemente irresistível ascensão da história cultural. Desde o ano 2000, foram publicadas pelo menos onze introduções ao assunto, duas em francês (uma na famosa série Que Sais-Je?, o que sugere certa consagração acadêmica), duas em inglês e uma em cada uma destas línguas: dinamarquês, finlandês, alemão, italiano, espanhol, sueco e português do Brasil.[1] Nos Estados Unidos, um volume coletivo sobre *The Cultural Turn in U.S. History* foi lançado em 2008.[2] Dois volumes coletivos foram publicados sobre variedades de história cultural na Europa e nas Américas.[3]

Em 2004, a Social History Society lançou a revista *Cultural and Social History*. Em 2007, fundou-se em Aberdeen a International Society for Cultural History e lançou-se a revista *Cultural History* em 2011. Os franceses já tinham sua própria Association pour le Développement de l'Histoire Culturelle. Conferências sobre história cultural vêm se tornando lugar-comum.

Esses acontecimentos, no entanto, não são uniformes, mas irregulares. Há estilos ou tradições na história cultural, como no caso da antropologia ou mesmo – ainda que em menor grau – das ciências naturais.[4] As tradições alemã, holandesa e francesa foram discutidas na introdução deste livro. Na Grã-Bretanha, certa resistência à história cultural, vista como incompatível com "fatos incontestáveis" ou "essenciais", persistiu por muito tempo. Na Dinamarca, esse tipo de resistência à história cultural continuou por muito tempo, apesar da contribuição precoce dada por Troels-Lund.[5] Em contraste, os Estados Unidos são um dos lugares em que a história cultural – como a geografia cultural e a antropologia cultural – floresce há mais tempo. É tentador propor explicações culturais para o contraste entre a ênfase norte-americana na cultura e a ênfase britânica na sociedade, associando o estilo americano à fluidez de uma sociedade de imigrantes em que a mobilidade geográfica e social é alta, e o estilo britânico a uma sociedade mais estável, bem como ao que poderíamos chamar de um "empirismo cultural".

Desde o ano 2000 a história cultural vem se expandindo para domínios relativamente novos, notavelmente os territórios da diplomacia e da guerra, bastiões de abordagens mais tradicionais que começavam a ser invadidas no fim do século XX, como vimos no Capítulo 6. Por exemplo, um especialista em "história internacional" (uma forma mais nova e mais ampla de história diplomática) observou em 2006 que essa disciplina tinha "visto uma nítida virada cultural em anos recentes".[6]

Na história da guerra, a virada cultural começou mais cedo e é muito mais visível, especialmente em estudos da Primeira Guerra Mundial (ver Capítulo 6). Um levantamento da história militar concluiu em 2007 que a história cultural da guerra "está aqui para ficar". Até batalhas são examinadas de um ponto de vista cultural.[7] A abordagem está se tornando institucionalizada: um Centro para a História Cultural da Guerra foi criado na Universidade de Manchester. Guerra e arte, ou de maneira mais geral, representações visuais da guerra, atraíram vários historiadores.[8]

Novamente, no campo em expansão da história do conhecimento, que se desenvolveu a partir da história intelectual e da história da ciência, a ideia de "culturas de conhecimento" tornou-se central. Por exemplo, esse é o nome dado a um projeto de pesquisa interdisciplinar baseado em Oxford e fundado em 2009.[9]

Hoje, parece que quase tudo tem sua história cultural escrita. Para citar apenas os títulos ou subtítulos de alguns livros publicados desde 2000, há histórias culturais de: calendários, causalidade, clima, cafés, espartilhos, exames, pêlos faciais, medo, fantasmas, impotência, insônia, cogumelo mágico, masturbação, nacionalismo, gravidez, objetos e tabaco.[10] Desde 2007, a Bloomsbury Publishing vem produzindo vários volumes coletivos, seis em cada série, sobre a história cultural de animais, infância, sexualidade, comida, jardins, mulheres, sentidos, corpo humano e assim por diante.

O conceito de "revolução cultural" foi estendido, da China dos anos 1960 para outros lugares e tempos, inclusive Rússia e México nos anos 1920 e até Roma e Atenas na Antiguidade.[11]

A pergunta óbvia a fazer neste momento é se esses novos livros oferecem o que as receitas médicas costumavam chamar de "a mesma mistura de antes", ou se modificam o mapa da história cultural em aspectos importantes, como acredito que alguns deles fazem.

Um cenário cambiante

Certos domínios da história cultural têm atraído particular interesse, entre eles o corpo, a identidade nacional e o que poderia ser chamado de história cultural das práticas intelectuais.[12]

A história do corpo formou uma parte importante da "nova história cultural" (NHC), como vimos (Capítulo 4). Um foco de atenção em estudos recentes é a história da limpeza. Ela foi estudada antes – neste e em outros assuntos, cabe reconhecer o mérito de historiadores amadores que se voltaram para eles antes dos profissionais.

Mesmo assim, estudos mais recentes têm muito a acrescentar, graças a pesquisas mais intensas e, em particular, a antropólogos como Mary Douglas, que mostraram que os códigos de limpeza variam de uma cultura para outra. Um tema é a importância da metáfora frequentemente proposta da limpeza ou pureza – pureza espiritual, limpeza étnica, pureza da linguagem e assim por diante.[13] Outro é a ligação entre conceitos de limpeza e identidade nacional, levando senhoras americanas de classe média no século XIX, por exemplo, a ensinar a imigrantes italianos ou poloneses seus padrões de limpeza como parte do modo de vida americano.[14]

A identidade nacional continua a ser um tópico central na história cultural. Por exemplo, o chamado *boom* em estudos de memória coletiva (ver Capítulo 4) muitas vezes enfatiza a memória nacional, no sentido de uma tradição conscientemente transmitida de uma geração para outra. Estudos de símbolos nacionais como monumentos, donzelas ou bandeiras eram relativamente incomuns quando o historiador francês Maurice Agulhon publicou seu estudo sobre Marianne em 1979, mas desde então proliferaram, não apenas na Europa, como também no Brasil, por exemplo, e no México.[15] O interesse por tradições inventadas e comunidades imaginadas na esteira de Benedict Anderson e Eric Hobsbawm (Capítulo 5) produziu toda uma prateleira de livros sobre a invenção das nações – Estados Unidos, Argentina, Austrália, Canadá, Etiópia e assim por diante. Estimulou também estudos da história da linguagem, especialmente a "fabricação" de linguagens nacionais, como o grego e o hebraico modernos, juntamente com o ressurgimento do interesse por pinturas históricas do século XIX.[16]

Giuseppe Mazzini, que poderia ser descrito como um especialista em nacionalismo, observou certa vez que as pinturas históricas italianas dessa época deram uma contribuição à formação da nação. As pinturas fizeram parte do que poderia ser chamado de "nacionalização do passado", tão visível no século XIX não só em livros de história, como também em estátuas de heróis nacionais em lugares públicos, peças teatrais e óperas que evocavam cenas famosas do passado nacional e rituais de comemoração como centenários.

A história cultural das nações é um exemplo do que poderia ser chamado de "história cultural das ideias". A história intelectual e a história cultural desenvolveram-se em direções bastante diferentes, como foi salientado antes (Capítulo 5), mas a fronteira entre elas é cada vez mais violada. Um exemplo notável dessa história cultural das ideias híbrida é o que poderia ser chamado de sociologia histórica ou antropologia histórica do conhecimento, praticada, por exemplo, por Françoise Waquet na França, Martin Mulsow na Alemanha e Ann Blair e William Clark nos Estados Unidos.

Esses quatro estudiosos estão interessados, cada um à sua maneira, em associar a história das ideias a desenvolvimentos culturais mais amplos que incluem mudanças nos meios de comunicação. Sua preocupação com "culturas de conhecimento" enfatiza a história de práticas culturais como maneiras de ler ou de tomar notas, a história de ritos de passagem acadêmicos, como cerimônias de formatura, e a história da cultura material da educação, inclusive "pequenas ferramentas de conhecimento" como quadros-negros e estantes. Normalmente associamos o mundo do saber com a leitura e a escrita, mas todos esses quatro estudiosos enfatizam a sobrevivência da cultura oral na universidade, na era da imprensa, sob a forma de aulas, seminários e exames orais.[17]

Em sua maioria, os exemplos de novas abordagens da história cultural discutidos neste livro disseram respeito à Europa ou aos Estados Unidos e foram produzidos ali. No entanto, na era da globalização da cultura, há uma tendência à globalização da história cultural. A "cultura livresca" e das práticas de leitura já foram discutidas de um ponto de vista comparativo (Capítulo 4), confrontando sistemas de escrita e tecnologias de impressão na Europa e no leste da Ásia. Historiadores de impérios, em especial do Império Britânico, descobriram a importância tanto da informação prática quanto do conhecimento mais geral no processo de governo. Richard Drayton, por exemplo, repôs o Jardim Botânico de Kiew em seu contexto imperial.[18]

Três dos mais importantes estudos sobre império e informação tratam da história da Índia colonial. O primeiro afirma que mesmo um conhecimento aparentemente desinteressado da Índia foi mobilizado pelos britânicos para ajudá-los a controlar o país. O segundo enfatiza o modo como os administradores britânicos apoiaram-se no trabalho de seus predecessores mongóis, enquanto o terceiro afirma que o sistema de castas, pelo menos em sua forma moderna, foi menos uma expressão da tradição indiana que o produto do embate entre súditos indianos e administradores britânicos, preocupados como estavam estes últimos em classificar o povo sob seu controle.[19]

O interesse em embates culturais, já discutido aqui (Capítulo 6), não parou de crescer. Por exemplo, o que costumava ser estudado como a história da conversão ao cristianismo ou ao islamismo está sendo visto hoje, cada vez mais, tanto do ponto de vista do receptor como do doador, e é frequentemente visto como sincretismo ou hibridização consciente ou inconsciente. Um vívido exemplo dessa tendência é um estudo do Japão no início da era moderna, no qual o termo "cristão" é substituído por sua variante local, *Kirishtan*, de modo a enfatizar a distância entre a mensagem que os missionários transmitiram e aquela que os "conversos" receberam. De maneira similar, Serge Gruzinski estudou as consequências culturais da conquista espanhola do México – uma forma extraordinariamente violenta de embate – em termos da hibridização ou *métissage* de ideias e imagens.[20]

Um tema fascinante na história da recepção que não foi estudado tão extensamente quanto merece é o que poderíamos chamar de "duplo embate", um movimento circular em que o que foi originalmente apropriado e transformado retorna ao país de origem.

Alguns exemplos impressionantes dessa circularidade cultural vêm das relações entre o Japão e o Ocidente. W.B. Yeats escreveu uma peça, *At the Hawk's Well* (1917), ambientada na "idade heroica" irlandesa, mas imitando o estilo dos tradicionais dramas nô do Japão. Por sua vez, um escritor japonês, Yokomichi Mario, adaptou *At the Hawk's Well* como uma peça nô, encenada em Tóquio em 1949.[21] Outro exemplo é o dos pintores japoneses que foram para Paris e desenvolveram um entusiasmo por Manet e Toulouse-Lautrec, artistas que eram eles mesmos entusiastas das gravuras japonesas.[22] Ilustram esses exemplos a atração do exótico, do familiar, ou uma combinação dos dois?

Uma forma de estudar o hiato entre transmissão e recepção é examinar traduções e o modo como ideias-chave mudaram no processo de transposição para outras línguas. A demonstração é particularmente clara, para não dizer impressionante, nos casos em que conceitos europeus foram traduzidos para línguas com estruturas muito diferentes, faladas em culturas com tradições muito diversas. Quando o livro de John Stuart Mill *On Liberty* foi traduzido em japonês, por exemplo, o termo-chave "liberdade" provou-se um empecilho, por falta de equivalente nativo. No caso do Senegal, o termo *demokaraasi* entrou na língua uólofe, mas suas associações diferem das ocidentais. Por razões como esta, a ideia de "tradução cultural", no sentido da adaptação do que foi tomado emprestado às necessidades e fins da cultura de que se pede emprestado, prova-se tão útil para os historiadores culturais como foi para os antropólogos que a cunharam.[23]

Um campo em que o problema da tradução é particularmente agudo, e visto como tal, é o que costumava ser chamado de teologia ou história eclesiástica, agora conhecido como "estudos religiosos". Nesse campo houve uma virada cultural, concentrada no que é conhecido como "cristianismo mundial", ou seja, a recepção local da mensagem cristã em diferentes culturas.[24] Missionários cristãos trabalhando em lugares muito diferentes da Europa de que vieram estavam bem conscientes dos problemas de tradução. Por exemplo, ao falar para os chineses ou os japoneses, os tupinambás ou os zulus, que palavra eles usariam para "Deus"? Se usassem um termo japonês, *Dainichi* por exemplo, seus ouvintes poderiam ver a mensagem cristã como não mais que uma variedade exótica de budismo. Mas se usassem um termo ocidental como *Deus*, sua estranheza poderia desencorajar os convertidos.[25]

Nessa situação, os missionários eram forçados a considerar o que foi chamado de "tradutibilidade" do cristianismo para decidir que elementos do cristianismo eram essenciais e quais eram apenas sua roupagem europeia.[26] No campo da prática, eles precisavam distinguir entre costumes sociais, que poderiam ser preservados, e costumes religiosos, que eram incompatíveis com o cristianismo. No caso do "culto dos ancestrais" chinês, alguns missionários, como o jesuíta italiano Matteo Ricci, escolheu a primeira alternativa desse dilema e outros escolheram a segunda.

A história da tradução, em que historiadores trabalham ao lado de linguistas e especialistas em "estudos da tradução", suscita uma questão geral que requer discussão aqui, a questão dos vizinhos.

A história cultural e seus vizinhos

A história cultural não é monopólio de historiadores. É multidisciplinar, bem como interdisciplinar; em outras palavras, começa em diferentes lugares, diferentes departamentos na universidade – além de ser praticada fora da academia. Por isso é tão difícil, como vimos, responder à pergunta: que é história cultural?

Uma maneira de definirmos nossa identidade, talvez a principal, seja em contraposição ao "outro", em primeiro lugar aos vizinhos. Essa forma de definição é válida tanto para disciplinas quanto para nações. Também elas têm seus "campos", suas culturas, suas tribos e territórios.[27] Apesar disso, a inovação intelectual é muitas vezes o resultado da burla da polícia de fronteira e da invasão do território dos outros, ou, para variar a metáfora, de tomar empréstimos dos vizinhos em vez de mantê-los a distância.

Entre os vizinhos próximos da história cultural estão a antropologia, a história literária e a história da arte, já discutidas anteriormente neste livro. Com os críticos literários, os historiadores podem aprender a "leitura detalhada"* de textos, a de imagens (de uma iconografia mais estreita para uma mais ampla) com os historiadores da arte, a leitura de culturas inteiras com os antropólogos. Tornou-se difícil imaginar como historiadores conseguiram algum dia se arranjar sem conceitos literários como gênero, conceitos antropológicos como habitus ou conceitos da história da arte como esquema.

Hoje, a história da arte é cada vez mais vista como história cultural. A tradição de Warburg (mencionada na Introdução), que vê "estudos visuais" [*Bildwissenschaft*] como parte dos "estudos culturais" [*Kulturwissenschaft*], foi deixada de lado por algum tempo, mas vem sendo agora objeto de interesse renovado, graças em particular a "historiadores visuais" alemães, antigos historiadores da arte, como Hans Belting e Horst Bredekamp.[28] A tendência é revelada pelo uso cada vez mais frequente da expressão "cultura visual", bem como pela reorganização de departamentos

---

* No original, *close reading*. (N.T.)

universitários sob os nomes "Estudos visuais" ou "Estudos de cultura visual", segundo o modelo dos "Estudos culturais".[29] Estudiosos que trabalham em cultura visual passada e presente tomam empréstimos tanto da antropologia (que está passando por sua vez por uma "guinada visual") como de estudos literários, produzindo conceitos híbridos como "iconotexto", "texto visual", "alfabetização visual", "citação" visual e (no modelo da "intertextualidade") o que é conhecido em alemão como *Interbildlichkeit* [ou em português, interpictorialidade].[30]

Outros vizinhos incluem a história da ciência e a relativamente nova história do conhecimento, como atesta a ascensão de conceitos como "culturas de história natural" ou "culturas de conhecimento". Nesse aspecto, contudo, pode ser útil deixar essas disciplinas para trás e estender a mão para alguns vizinhos menos conhecidos da história cultural, entre eles sociologia, folclore, bibliografia, geografia, arqueologia e até ecologia e biologia.

Há muito os sociólogos estão interessados pela cultura: pela sociologia da arte e pela literatura, assim como pelo que costumava ser chamado de "cultura de massa" ou "subculturas". Nas últimas décadas, no entanto, a chamada "sociologia cultural" tem tomado uma direção diferente. Essa virada cultural aproxima o sociólogo do antropólogo e enfatiza significados, ação simbólica (conceito derivado do teórico da literatura Kenneth Burke através do antropólogo Clifford Geertz) e o que é por vezes descrito como "pragmática cultural", em outras palavras, o estudo de práticas. Como seus colegas em disciplinas vizinhas, alguns sociólogos trabalham agora com as ideias de "performance social" e "construção" cultural.[31] Eles se concentram normalmente no presente ou no passado extremamente recente – o elemento de *performance* nos eventos do 11 de Setembro, por exemplo –, mas poucos estão preparados para olhar mais para trás, como no caso do estudo da rendição feito por Robin Wagner-Pacifici.

Usando a análise de três casos, a rendição de Breda dos holandeses para o general Spinola em 1625, a dos confederados sulistas para o general Grant em 1865 e a dos japoneses para o general MacArthur em 1945, a autora propõe observações sobre a semiótica da rendição, afirmando que essa ação é um evento performático que transforma uma situação e prestando atenção ao que chama de "a miríade … de reconhecimentos (e de falsos reconhecimentos) de confrontos de rendição".[32] Esperemos mais estudos desse gênero.

Quanto ao folclore (hoje comumente conhecido como "etnologia"), sua relação com a história cultural, ou de fato com a história *tout court*, teve seus altos e baixos. Grosso modo, podemos distinguir três períodos nessa relação interdisciplinar: a idade da harmonia no século XIX, a idade da desconfiança (da década de 1920 à de 1970 ou mais tarde) e a idade atual de reaproximação, estimulada pela descoberta ou redescoberta da cultura popular pelos historiadores.[33] Como os historiadores culturais, os folcloristas fazem considerável uso da noção de tradição ou herança – de fato, o título de uma de suas principais revistas, *ARV*, significa exatamente isso. Estão também contribuindo para o fundo comum com ideias próprias. Um número especial da revista *Ethnologia Europea* incluiu 25 ensaios, cada um dos quais introduzia um novo conceito como um experimento em análise cultural, considerando ideias como *backdraft*, *bracketing*, "customização" e assim por diante.[34]

A bibliografia é mais uma disciplina vizinha que já se interessava pela história do livro muito antes que simples historiadores descobrissem esse tema nos anos 1960. Um manifesto em defesa da abordagem do bibliógrafo, distinguindo-a da dos historiadores, concentra-se em livros, não em pessoas, e na história do livro por si mesma, não como um meio para um fim.[35] Mesmo assim, os bibliógrafos têm algo a oferecer aos historiadores culturais.

Por exemplo, a ênfase de Don Mackenzie no aspecto material dos livros (ver Capítulo 4) inspirou a obra de Roger Chartier. A relação entre história intelectual e história do livro, durante o Iluminismo, por exemplo, é uma área de debate.[36]

Outro vizinho é a geografia, especialmente a cultural (embora parte da geografia histórica não seja cultural, e parte da geografia cultural não seja histórica, os dois campos se sobrepõem). Uma geografia cultural mais antiga foi associada ao norte-americano Carl Sauer. Este rejeitou a abordagem científica que tentava estabelecer leis gerais da geografia, interessando-se pela singularidade de lugares ou áreas culturais (como o antropólogo Franz Boas, ele próprio ex-geógrafo). Opôs-se também ao determinismo ambiental, preferindo explicar as características dos lugares em termos de cultura e história. Como no caso da antropologia, desenvolveu-se um hiato entre a geografia cultural norte-americana (seguindo a orientação de Sauer) e a social britânica.

Esse hiato foi preenchido pela nova geografia cultural que se desenvolveu quase ao mesmo tempo que a NHC. Como os novos historiadores culturais, os novos geógrafos culturais, como Jim Duncan e Felix Driver, fizeram uso da teoria cultural (sobretudo a de Foucault). Como os historiadores, eles se interessam tanto por práticas quanto por representações. Estudam práticas espaciais, desde a modificação da paisagem pela ocupação humana até os usos de ruas urbanas por diferentes grupos sociais. Analisam também a imaginação geográfica tal como ela se expressa em mapas, filmes sobre viagens, pinturas de paisagem, ficção (o Wessex de Hardy, por exemplo) e assim por diante – o paralelo com estudos sobre história da imaginação cultural é bastante óbvio.[37]

Um importante estudo de geografia imaginária trata de pressuposições sobre a paisagem inglesa que se cristalizaram nos anos entre 1918 e a década de 1950 e são influentes ainda hoje, expressando uma nostalgia pela "comunidade orgânica" perdida da aldeia inglesa, definida em contraposição à cidade e à modernidade, e situando o caráter inglês "em campinas, sendas, coros e prefeituras". Nesse estudo, os poetas John Betjeman e Philip Larkin estão ombro a ombro com o arqueólogo O.G.S. Crawford e o historiador local W.G. Hoskins.[38]

Embora a arqueologia do início do século XX já se interessasse, como a antropologia e a geografia da época, pela história das culturas e especialmente pela difusão dos traços culturais, a nova arqueologia do fim do século XX e início do XXI está se aproximando mais da história cultural.

Essa nova arqueologia foi diversamente descrita como social, antropológica, processual, contextual, interpretativa ou cognitiva, um estado de indecisão que reflete a competição entre diferentes abordagens. Como no caso de seus vizinhos, historiadores e geógrafos, os novos arqueólogos estão interessados em teoria cultural. Num interessante caso de circularidade intelectual, arqueólogos verdadeiros que escavam o passado acharam inspiradora a "arqueologia" metafórica de Foucault. Mais uma vez como os historiadores e geógrafos culturais, os novos arqueólogos focalizam a atenção em práticas como sepultamentos ou troca de presentes, e em representações, incluindo símbolos de status, imagens e até linguagem.[39]

Não surpreende, portanto, nesse ponto da história da disciplina, encontrar alguém declarando que "a arqueologia é história cultural ou não é nada", e reclamando uma "arqueologia cultural" informada pelos debates entre historiadores culturais. O interesse por história cultural estende-se à arqueologia pré-histórica, mas é provavelmente mais forte entre especialistas em períodos posteriores. Estudos desse tipo incluem a arqueologia da Reforma, em outras palavras, o efeito desse movimento cultural sobre a vida cotidiana de pessoas comuns, tal como revelado por mudanças na cultura material: mobiliário de igrejas, lápides, cerâmicas e assim por diante. A arqueologia é uma forma de "história a partir de baixo", no sentido literal da expressão.[40]

Até a biologia foi vista por alguns como um vizinho, ainda que distante, da história cultural, já que animais, notavelmente os chimpanzés, têm cultura "em virtude de compartilharem o saber", ao passo que há analogias entre a evolução biológica e a sociocultural e entre a seleção natural e o que pode ser descrito como "seleção cultural".[41] Por outro lado, historiadores interessados pelos últimos anos, não por toda a extensão da evolução humana, podem ter mais a aprender em outro lugar.

Se os historiadores culturais vierem a ser inspirados por mais uma disciplina no futuro próximo, eu apostaria na ecologia. Esta pode parecer uma previsão estranha, já que os ecologistas estão interessados essencialmente no ambiente físico, não na cultura. Apesar disso, o ambiente físico molda a cultura, não de uma maneira determinista, mas ao limitar as opções disponíveis. De todo modo, tenho em mente menos estudos sobre a relação entre cultura ambiente que a apropriação dos conceitos dos ecologistas por historiadores culturais, como "nicho". Vários desses conceitos são palavras que designam processos-palavras, como competição, invasão, segregação e sucessão, que parecem se prestar a essa apropriação. Os primeiros passos foram dados por historiadores da linguagem como o norueguês Einar Haugen.[42] Quem virá depois?

Para unir as diferentes abordagens discutidas nesta seção, poderíamos razoavelmente recorrer aos "estudos culturais", quer eles sejam uma disciplina em si mesmos ou um espaço habitado entre disciplinas. No entanto, a prática é mais estreita que a teoria, ou pelo menos o slogan, como um breve relato do movimento pode sugerir.

O desenvolvimento dos estudos culturais (EC) na Grã-Bretanha, graças aos esforços da trindade de Raymond Williams, Richard Hoggart e Stuart Hall, é bem conhecido. Nos Estados Unidos, um movimento interdisciplinar semelhante começou uma geração mais cedo, sob a bandeira dos "estudos norte-americanos". Em outras partes do mundo anglófono, sobretudo na Austrália, os EC (como é conveniente chamá-los) seguem as linhas do paradigma inglês, em que a literatura é o parceiro dominante. Em outros lugares, no mundo de expressão alemã, por exemplo, um interesse pelos EC foi moldado por tradições locais (neste caso, o *Kulturwissenschaft* de Aby Warburg e o criticismo cultural da Escola de Frankfurt). Na França, o conceito de EC continua estrangeiro, embora haja paralelos entre a abordagem à cultura do crítico estruturalista Roland Barthes ou do sociólogo Edgar Morin, por exemplo, e a de Hall, Hoggart e Williams.[43]

A ascensão dos EC foi vista como uma ameaça a certas disciplinas como a literatura, a história da arte e até a antropologia. Por outro lado, os próprios EC estão em certo sentido ameaçados – embora em outro sentido reforçados – pela ascensão de sua progênie: "estudos de gênero", "estudos pós-coloniais", "estudos da memória", "estudos do cinema", "estudos da tradução", "estudos da moda" e assim por diante.[44] Algumas dessas disciplinas, ou semidisciplinas, desenvolveram-se a partir dos EC, mas declaram independência, como os EC fizeram outrora em relação à literatura. Eles são complementares no sentido intelectual e competidores no sentido social, dada a existência, observada antes, de tribos e territórios acadêmicos.

A fundação dos EC nos anos 1960 respondeu a uma demanda social, a uma crítica à ênfase na alta cultura tradicional em escolas e universidades. No lado positivo, eles responderam à necessidade de compreender as culturas ou subculturas de adolescentes e imigrantes, bem como o mundo das mercadorias, da publicidade e da televisão. Intelectualmente, a ascensão dos EC nos anos 1960 coincidiu com a moda do estruturalismo, bem como com a crescente importância de estudos marxistas sobre a relação entre cultura e sociedade.

Voltando-nos para os problemas da semidisciplina, talvez seja útil focalizar a Grã-Bretanha e fazer três perguntas gerais. Em primeiro lugar, são os estudos culturais britânicos demasiado insulares? Certamente sim, uma vez que apenas comparações constantes com outras culturas tornam possível definir o que é britânico – ou, por vezes, inglês. Em segundo lugar, são os estudos culturais britânicos suficientemente históricos? Certamente não, apesar do exemplo de Raymond Williams e das muitas referências a Edward Thompson. Em terceiro lugar, são os estudos culturais britânicos socialmente estreitos demais? Certamente sim. De maneira bastante irônica, uma abordagem que começou como um protesto contra uma exclusão tornou-se ela mesma excessivamente exclusiva. A alta cultura (também conhecida como "o cânone" ou "os clássicos") precisa fazer parte dos EC, inclusive por causa das interações e trocas regulares entre alta e baixa. A mistura disciplinar rotulada de "EC" precisa certamente incluir historiadores culturais de todos os períodos, um grupo instruído, como os antropólogos, para ver a cultura como um todo, embora sem presumir sua harmonia ou homogeneidade.[45]

A cultura em questão

O interesse por história cultural foi estimulado pelo que se tornou conhecido como "guerras da cultura". Um conflito importante diz respeito ao cânone cultural, especialmente os "grandes livros" de uma dada cultura, e à "alfabetização cultural", em outras palavras, "um corpo comum de conhecimento e associações" que "todos os leitores competentes possuem" (o pressuposto da homogeneidade cultural não vale nada). Críticos do cânone criticaram sua ênfase em "homens brancos mortos", enquanto seus defensores afirmam que a rejeição do cânone leva ao empobrecimento cultural.[46] O conflito é mais conhecido a partir do debate nos Estados Unidos, em que estudiosos feministas e afro-americanos se destacaram entre os críticos, mas afetou outros países também. Por exemplo, o recente relatório de um comitê sobre o que as escolas holandesas deveriam ensinar aos alunos a respeito da cultura holandesa é intitulado "O cânone holandês".[47]

Uma razão dada para a defesa do cânone, ou a canonização de textos e outros itens culturais, é ajudar a transformar imigrantes em bons cidadãos de sua nova cultura. Isso nos leva ao segundo maior conflito ou área de debate, relativo ao "multiculturalismo", termo um tanto vago que é ao mesmo tempo descritivo e normativo. No sentido descritivo, referindo-se à coexistência de pessoas de diferentes culturas no mesmo espaço (seja nação, cidade ou rua), o multiculturalismo tornou-se obviamente cada vez mais importante, assim como mais visível, na última geração. No sentido normativo, sobre o qual grassa o debate, o multiculturalismo refere-se à política de estimular recém-chegados a conservar suas identidades culturais em vez de se fundir ou se integrar à cultura em que se estabeleceram.

Desses debates emergiu uma crítica da ideia de cultura, se bem que esses debates teriam sido eles próprios impossíveis sem essa ideia.

Um exemplo notável dessa crítica é a discussão de Richard Ford sobre "cultura racial" do ponto de vista de um advogado, tomando o caso de Renée Rogers *versus* American Airlines (1981), em que a queixosa contestou a política da companhia aérea de proibir os empregados de usar o "cabelo todo trançado" e alegou danos pela violência feita à sua cultura. Rogers e seus advogados afirmaram que esse penteado estilo "nagô"* refletia a "essência cultural, histórica, das mulheres negras na sociedade norte-

* No original, estilo *corn row*. (N.T.)

-americana". Ford concentra-se nas questões legais. Implicaria o argumento de que as mulheres negras deveriam ser obrigadas a usar essas tranças? Deveriam outras mulheres, louras, por exemplo, ser proibidas de trançar seu cabelo dessa maneira? Quais são os outros componentes dessa "essência cultural"? Se as mulheres negras podem recorrer a uma essência cultural, outros grupos (os obesos, por exemplo, ou os ciclistas) poderiam fazer o mesmo?[48]

Num nível mais geral, dificuldades que surgem dos conceitos de cultura utilizados ou sugeridos nos debates sobre multiculturalismo foram salientadas, muitas vezes fazendo eco a ideias defendidas nos debates sobre história cultural resumidas nos capítulos anteriores deste ensaio. São as culturas homogêneas, ou há um espaço dentro delas para diversidade e até para conflito? Onde estão as fronteiras que separam as culturas, e até que ponto são eficazes? O que conta como "autenticidade" cultural, uma vez que as tradições, como todo historiador sabe, mudam com o tempo?[49] É prudente, para dizer o mínimo, discutir essas questões em termos de mais/menos, e não de ou/ou, descrevendo culturas como mais ou menos homogêneas, mais ou menos flexíveis, mais ou menos nitidamente distintas de suas vizinhas e assim por diante, escapando assim do perigo da "essencialização".

Uma conclusão que poderíamos extrair dos debates sobre cânones e multiculturalismos é que, embora não possamos esperar que os historiadores culturais resolvam os problemas contemporâneos, o estudo da história cultural deveria permitir às pessoas pensar sobre algumas dessas questões de maneira mais lúcida. Como o sociólogo-historiador brasileiro Gilberto Freyre já sugeriu em 1950, enquanto a história política e militar, empreendida num estilo nacionalista, muitas vezes separa as pessoas, "o estudo da história social e cultural" é ou poderia ser uma maneira de "aproximar pessoas" e abrir "vias de compreensão e comunicação entre elas".[50]

A virada natural

Como vimos, a história cultural começou como um desafio, uma espécie de "oposição" àquilo de que os desafiadores zombavam como história "de tambor e trombeta", excessivamente preocupada com batalhas. Hoje, contudo, a história cultural está sendo ela própria desafiada. O conceito de cultura está sob fogo cruzado. Alguns historiadores criticaram seu uso, afirmando que cultura "não deveria se tornar uma panaceia explanatória", ao passo que alguns antropólogos a abandonaram por completo, acreditando que era demasiado vaga.[51] A esta segunda crítica poder-se-ia responder que o conceito precisa ser vago para desempenhar sua função de manter diversos fenômenos juntos, e que caso um outro termo devesse ser inventado para fazer o mesmo trabalho, ele estaria inevitavelmente aberto a críticas similares.

Poderíamos falar de uma "virada natural" no estudo da história, uma sucessora da "virada cultural" – embora a divisão entre natureza e cultura tenha sido ela própria criticada ou até rejeitada.[52] O exemplo óbvio de uma mudança na prática histórica é, naturalmente, a recente ascensão da história ambiental.

Numa era de preocupação com o futuro do planeta, não era difícil prever essa ascensão. A esta altura, a história ambiental tem muitas realizações a seu favor. Em que sentido ela é um desafio para historiadores culturais? A existência dessa forma de história, como a existência da história política, não é em si um desafio. É possível escrever uma história cultural do ambiente, de atitudes cambiantes em relação à natureza, por exemplo, e até uma história cultural do clima.[53]

Entretanto, escrever a história do ambiente envolve mais do que um simples deslocamento da atenção da cultura para nosso meio físico. Durante o último meio século, aproximadamente, alguns historiadores estiveram conversando (literal e metaforicamente) com seus colegas em disciplinas vizinhas, não só antropologia, mas também sociologia, economia, literatura e arqueologia. Os historiadores ambientais, por outro lado, encontraram novos vizinhos com quem falar. Eles fazem companhia a geólogos, climatologistas, botânicos, entre outros cientistas naturais.

Uma virada natural similar pode ser vista no estudo das emoções e dos sentidos. Como vimos, os historiadores culturais, por vezes inspirados por antropólogos, vêm escrevendo histórias das emoções há algum tempo, concentrando-se na linguagem usada para descrever amor, medo etc., e nas diferentes regras para expressar ou reprimir emoções. Mais recentemente, historiadores das emoções inspirados pela neurociência apareceram em cena e falam de "neuro-história" ou "história profunda". O grupo mais antigo tende a afirmar que cada cultura tinha seu próprio sistema emocional, ao passo que o novo grupo tende a enfatizar "emoções básicas" que são comuns em toda parte e em todos os tempos. Há tendências similares na história dos sentidos e também no que foi chamado de "neuro-história da arte".[54]

O desafio mais recente à história cultural é a ascensão da história não humana como parte das "pós-humanidades". Chamando isto de um desafio não estou pensando na Grande História, um importante projeto coletivo agora financiado por Bill Gates, que começa seu relato do passado com o Big Bang e lembra os seres humanos de que sua espécie está na Terra há um tempo relativamente curto.[55] O verdadeiro desafio vem de tentativas relativamente novas de escrever uma história tanto dos animais quanto das coisas nas quais algum tipo de ação é a eles atribuída.

O argumento central dos historiadores pós-humanos é que, até agora, os seres humanos atribuíram a si mesmos excessivo mérito por realizações que exigiram a cooperação de não humanos, desde metais a micróbios.[56] Não é novidade, é claro, que doenças como a peste negra e a varíola mudaram o curso da história, mas até recentemente pouca atenção a esse ponto havia sido dada por filósofos da história, ainda dominados, pelo menos no mundo anglófono, por R.G. Collingwood.

No caso dos animais, o que se tenciona fazer e está começando a ser produzido não é mais simplesmente a história do emprego humano de cavalos, vacas e carneiros ou mesmo a história dos animais de estimação. É uma história que inclui as respostas dos animais ao domínio humano.[57]

Mesmo no caso das coisas, há argumentos em favor de vê-las como – em certo sentido – ativas em vez de passivas. Como disse uma vez Matisse, "O objeto é um ator". Por exemplo, as coisas frequentemente resistem ao uso humano ou forçam os seres humanos a usá-los de certas maneiras. Por exemplo, para arremessar uma flecha, disparar uma espingarda, escrever com uma caneta ou digitar num computador, é necessário adaptar o próprio corpo ao instrumento, postar-se ou sentar-se e segurar o objeto de uma maneira particular, e assim por diante.

Conclusão

No sentido preciso do termo, qualquer "conclusão" deste livro estaria fora de lugar. A NHC pode estar chegando ao fim de seu ciclo de vida, mas a trajetória mais ampla da história cultural ainda está em progresso. Ela continua a se diversificar e atrair jovens estudiosos talentosos. Alguns campos, como o da história cultural da linguagem, estão apenas agora se abrindo para a pesquisa histórica. Problemas correntes continuam sem solução – pelo menos ainda sem solução que satisfaça a todos – e novos problemas deverão surgir. O que temos aqui, assim, não é uma conclusão formal, mas simplesmente a expressão de algumas opiniões pessoais, provavelmente – mas não necessariamente – partilhadas por outros colegas.

Na última geração, a história cultural – nos diferentes sentidos da expressão discutidos neste livro – foi a arena em que se desenvolveram algumas das discussões mais estimulantes e esclarecedoras sobre o método histórico. Ao mesmo tempo, os historiadores culturais e também seus colegas na história social vêm ampliando o território da profissão, além de tornar o passado mais acessível para um público mais amplo.

No entanto, não defendi aqui – e, na verdade, não acredito – que a história cultural seja a melhor forma de história. É simplesmente uma parte necessária do empreendimento histórico coletivo. Como suas vizinhas – história econômica, política, intelectual, social e assim por diante –, essa abordagem ao passado dá uma contribuição indispensável à nossa visão da história como um todo, "história total", como dizem os franceses.

A preferência pela história cultural vem sendo uma experiência gratificante para praticantes como eu, mas sabemos que as modas culturais não duram muito. Uma reação contra a "cultura" já fez sua aparição nos estudos históricos, assim como em outras disciplinas, e por algumas boas razões. Ainda assim, os historiadores culturais têm de fazer todo o possível para garantir que não se percam os ganhos da percepção histórica resultantes da virada cultural.

Os historiadores, especialmente os empiricistas ou "positivistas", costumavam sofrer de uma doença caracterizada por levar tudo ao pé da letra. Vários não eram suficientemente sensíveis ao simbolismo. Muitos tratavam os documentos históricos como transparentes, dando pouca ou nenhuma atenção à sua retórica. Muitos descartavam certas ações humanas, tais como abençoar com dois ou três dedos, discutidas acima, como "mero" ritual, "meros" símbolos, em outras palavras, questões superficiais em vez de a expressão de valores fundamentais.[1] Na última geração, os historiadores culturais e também os antropólogos culturais demonstraram as fraquezas dessa abordagem positivista. Qualquer que seja o futuro dos estudos históricos, não deve haver um retorno a esse tipo de compreensão literal. Ainda há espaço para ampliar e também aprofundar *insights* no simbolismo na arte, literatura, religião, política e vida cotidiana.

Notas

Introdução (p.7-12)

1. Samuel P. Huntington, *The Clash of Civilizations and the Remaking of World Order*, Nova York, 1996; Jutta Scherrer, "Kul'turologija", *Budapest Review of Books*, 12: 1-2, 2003, p.6-11.

1. A grande tradição (p.13-29)

1. Peter Burke, "Reflections on the Origin of Cultural History", 1991, reeditado in *Varieties of Cultural History*, Cambridge, 1997; Don Kelley, "The Old Cultural History", *History and Human Sciences*, p.101-26.
2. O relato clássico da parte inglesa da história continua sendo o livro de Raymond Williams, *Culture and Society*, 1958. Sobre a *Kulturkampf* (termo cunhado por Rudolf Virchow, um estudioso precoce de antropologia), ver Christopher Clark e Wolfram Kaiser (orgs.), *Culture Wars: Secular-Catholic Conflict in Nineteenth-Century Europe*, Cambridge, 2003.
3. Francis Haskell, *History and its Images*, New Haven, 1993, p.335-46, 482-94.
4. Lionel Gossman, *Basel in the Age of Burckhardt*, Chicago, 2000, p.226, 254.
5. Jacob Burckhardt, *The Civilization of the Renaissance in Italy*, 1860, tradução inglesa, Harmondsworth, 1990; *The Greeks and Greek Civilization*, 1898-1902; trad. inglesa, Londres, 1998. O termo de Burckhardt era *Kultur*, não "civilização".
6. Johan Huizinga, "Historical Ideals of Life", 1915; trad. inglesa in *Men and Ideas*, Nova York, 1952, p.77-96.
7. Johan Huizinga, "The Task of Cultural History", 1929, in *Men and Ideas*, Nova York, 1952, p.77-96 e p.17-76; *America*, Nova York, 1972, p.192 (escrito em 1918).
8. Os ensaios de Aby Warburg foram traduzidos para o inglês com o título de *Renewal of Pagan Antiquity*, Los Angeles, 1999.

9. Publicado originalmente na Alemanha em 1932 e, em uma versão revista, em inglês em 1939, esse ensaio é mais acessível in Erwin Panofsky, *Meaning in the Visual Arts*, Nova York, 1957, p.26-54.
10. Daniel Snowman, *The Hitler Emigrés: The Cultural Impact on Britain of Refugees from Nazism*, 2002.
11. Gilbert Allardyce, "The Rise and Fall of the Western Civilization Course", *American Historical Review*, 87, 1982, p.695-725; Daniel A. Segal, "'Western Civ' and the Staging of History in American Higher Education", *American Historical Review*, 105, 2000, p.770-805.
12. Entre os livros mais importantes de Yates estão *Giordano Bruno and the Hermeneutic Tradition*, 1964, e *Astraea: The Imperial Theme in the Sixteenth Century*, 1975.
13. Peter Burke, "The Central European Moment in British Cultural Studies", in Herbert Grabes (org.), *Literary History/Cultural History: Force-Fields and Tensions*, Tübigen, 2001, p.279-88.
14. Frederick Antal, *Florentine Painting and its Social Background*, 1947; *Hogarth and his Place in European Art*, 1962.
15. Peter Burke, *Popular Culture in Early Modern Europe*, 1978; 3ª ed., Farnham, 2009, cap.1 (trad. bras., *Cultura popular na Idade Moderna*, São Paulo, Companhia das Letras, 1989).

2. Problemas da história cultural (p.30-41)

1. Jacob Burckhardt, *The Greeks and Greek Civilization*, Oswyn Murray (org.), 1998, p.5.
2. James Raven, *What is the History of the Book?*, Cambridge, 2018.
3. François Furet (org.), *Livre et société dans la France du XVIIIe siècle*, Paris-Havre, 1965.
4. Bernard Cousin, *Le Miracle et le quotidien: les ex-voto provençaux, images d'une société*, Aix, 1983.
5. Ver *metus* e *pavor* em Arnold Gerber e Adolf Graef, *Lexikon Taciteum*, Leipzig, 1903.
6. Régine Robin, *Histoire et linguistique*, Paris, 1973, p.139-58.
7. Alexandra Gergakopoulou e Dionysis Goutsos, *Discourse Analysis: An Introduction*, Edimburgo, 1997.
8. Ernst Gombrich, "In Search of Cultural History", 1969; reeditado em *Ideals and Idols*, 1979, p.25-59.
9. Edward Thompson, "Custom and Culture", 1978; reeditado em *Customs in Common*, 1993.

10. Ernst Bloch, *Heritage of Our Times*, 1935; trad. inglesa, Cambridge, 1991.
11. Raymond Williams, *Marxism and Literature*, Oxford, 1977.
12. Roger Bastide, *The African Religions of Brazil*, Baltimore, 1978; Ikuo Higashibaba, *Christianity in Early Modern Japan*, Leiden, 2001.
13. J.C. Heesterman, *The Inner Conflict of Traditions*, Chicago, 1985, p.10-25. Cf. Mark S. Phillips e Gordon Schochet (orgs.), *Questions of Tradition*, Toronto, 2004, em especial Introdução.
14. Michel de Certeau, Jacques Revel e Dominique Julia, "La Beauté du mort", 1970; reeditado in Certeau, *La Culture au pluriel*, ed. revista, Paris, 1993, p.45-72; Stuart Hall, "Notes on Deconstructing the 'Popular'", in Raphael Samuel (org.), *People's History and Socialist Theory*, 1981, p.227-40; Roger Chartier, *Cultural History*, Cambridge, 1988, p.37-40.
15. K.J.P. Lowe, *Nuns' Chronicle and Convent Culture in Renaissance and Counter-Reformation Italy*, Cambridge, 2003; John J. Winkler, *The Constraints of Desire: The Anthropology of Sex and Gender in Ancient Greece*, 1990, especialmente p.162-209.
16. Chartier, *Cultural History*; Peter Burke, *Popular Culture in Early Modern Europe*, 1987, 3ª ed., 2008.
17. Georges Duby, "The Diffusion of Cultural Patterns in Feudal Society", *Past and Present*, 39, 1968, p.1-10.

3. A vez da antropologia histórica (p.42-66)

1. Sobre a abordagem cultural na ciência política, ver o livro de Patrick Chabal e Jean-Pascal Daloz, *Culture Troubles: Comparative Politics and the Interpretation of Meaning*, Londres, 2006.
2. Michael Belleisles, *Arming America: The Origins of a National Gun Culture*, Nova York, 2000.
3. Jean-Pierre Rioux e Jean-François Sirinelli, *Pour une histoire culturelle*, Paris, 1997; Philippe Poirier, *Les enjeux de l'histoire culturelle*, Paris, 2004.
4. Keith Thomas, "Ways of Doing Cultural History", in *Balans and Perspectief van de nederlandse cultuurgeschiedenis*, Rik Sanders et al. (orgs.), Amsterdã, 1991, p.65.
5. Martin J. Wiener, *English Culture and the Decline of the Industrial Spirit, 1850-1980*, Cambridge, 1981; David Landes, *The Wealth and Poverty of*

Nations, 1998; Eric van Young, "The New Cultural History comes to Old Mexico", *Hispanic American Historical Review*, 79, 1999, p.211-48, 238; Erik Ringmar, *Identity, Interest and Action: A Cultural Explanation of Sweden's Intervention in the Thirty Years War*, Cambridge, 1996.

6. Aaron Gurevitch, "Wealth and Gift-Bestowal among the Ancient Scandinavians", 1968; reeditado em seu *Historical Anthropology of the Middle Ages*, Cambridge, 1992, p.177-89. Cf. Natalie Z. Davis, *The Gift on Sixteenth-Century France*, Oxford, 2000.
7. Keith Thomas, *Religion and the Decline of Magic*, 1971, especialmente p.216-17, 339, 463n, 566, 645; cf. Maria Lúcia Pallares-Burke, *The New History: Confessions and Conversations*, Cambridge, 2002. Compare e contraste Euan Cameron, *Enchanted Europe*, Nova York, 2010.
8. Anton Blok, "Infamous Occupations", in *Honour and Violence*, Cambridge, 2001, p.44-68.
9. Nathalie Z. Davis, "The Rites of Violence", 1973; reeditado em *Society and Culture in Early Modern France*, Stanford, 1975, p.152-88.
10. Juri M. Lotman, "The Poetics of Everyday Behaviour in Russian Eighteenth-Century Culture", in Lotman e Boris A. Uspenskii, *The Semiotics of Russian Culture*, Ann Arbor, 1984, p.231-56; cf. id., *Russlands Adel: Eine Kulturgeschichte von Peter I bis Nikolaus I*, 1994; trad. alemã, Colônia, 1997.
11. Michelle L. Marrese, "The Poetics of Everyday Behaviour Revisited", *Kritika*, 11, 2010, p.701-40.
12. Clifford Geertz, *The Interpretation of Cultures*, Nova York, 1973, p.3-30; a definição está na p.89 (trad. bras., *A interpretação das culturas*, São Paulo, LTC, 1989.)
13. Ibid., p.412-53.
14. Victor Turner, *Schism and Continuity in African Society*, Manchester, 1957, p.91-3, 230-2.
15. Cliford Geertz, *Negara: The Theatre State in Nineteenth Century Bali*, Princeton, 1980.
16. Roger Chartier, "Texts, Symbols and Frenchness: Historical Uses of Symbolic Anthropology", 1985; reeditado em Chartier, *Cultural History*, p.95-111.
17. Stephen Greenblatt, *Shakespearian Negotiations*, Oxford, 1988.
18. Cf. Natalie Davis e Maria Lúcia Pallares-Burke (orgs.), *The New History: Confessions and Conversations*, Cambridge, 2002, p.50-79.
19. Johan Huizinga, "My Path to History", em *Dutch Civilisation in the 17th Century and Other Essays*, Pieter Geyl e F.W.N. Hugenholtz (orgs.), 1968.

20. Infelizmente a obra de Troels-Lund não está disponível em inglês, mas é discutida em Bjarne Stoklund, *Folklife Research between History and Anthropology*, Cardiff, 1983.
21. Thomas, "Cultural History", p.74.
22. Clifford Geertz, "Art as a Cultural System", *Modern Language Notes*, 91, 1976, p.1473-99, em 1481-8.
23. Lawrence Levine, *Black Culture and Black Consciousness*, Nova York, 1977; David Olusoga, *Black and British: a forgotten history*, Londres, 2015; Peter Kolchin, "Whiteness Studies: the new history of race in America", *Journal of American History*, 89, 2002, p.154-73.
24. Jeff Chang, *Who We Be: A Cultural History of Race in Post-civil Rights America*, Londres, 2016.
25. Entre os relatos mais penetrantes, podemos citar "Micro-history", de Giovanni Levi, in Peter Burke (org.), *New Perspectives on Historical Writing*, 1991, 2ª ed., Cambridge, 2001, p.97-119, e Jacques Revel (org.), *Jeux d'échelle*, Paris, 1996.
26. Charle Pythian-Adams, "An Agenda for English Local History", in *Societies, Cultures and Kinship*, Leicester, 1993, p.1-23 David Underdown, "Regional Cultures?", in Tim Harris (org.), *Popular Culture in England c.1500-1850*, 1995, p.28-47.
27. Hans Medick, *Weben und Überleben in Laichingen, 1650-1900. Lokalgeschichte als Allgemeine Geschichte*, Göttingen, 1996. Cf. Sigurður G. Magnusson: "Far-reaching Microhistory", *Rethinking History*, 21, 2017, p.312-41.
28. Um exemplo do século XVII na Espanha é Jaime Contreras, Sotos contra Riquelmes, Madri, 1992.
29. J.H. Plumb, "Political History, 1530-1885", *Victoria County History, Leicestershire*, vol.2, 1954, p.102-34.
30. Robert J.C. Young, *Postcolonialism: An Historical Introduction*, Oxford, 2001.
31. Para uma reação crítica à tese central de Said, ver John M. MacKenzie, *Orientalism: History, Theory and the Arts*, Manchester, 1995. Cf. W.J. McCormack, *Ascendancy and Tradition*, Oxford, 1985, p.219-38, sobre o "celticismo", e James Carrier (org.), *Occidentalism: Images of the West*, Oxford, 1995.
32. Ver Joan Kelly, *Women, History and Theory*, Chicago, 1984. O artigo foi publicado pela primeira vez em 1977.
33. Entre os exemplos das tendências discutidas acima, estão Patricia Labalme (org.), *Beyond their Sex: Learned Women of the European Past*,

Nova York, 1980; Catherine King, *Renaissance Women Patrons*, Manchester, 1988; Lorna Hutson (org.), *Feminism and Renaissance Studies*, Oxford, 1999; Letitia Panizza e Sharon Woods (orgs.), *A History of Women's Writing in Italy*, Cambridge, 2000; Virginia Cox, *Women's Writing in Italy, 1400-1650*, Baltimore, 2008.

4. Um novo paradigma? (p.67-97)

1. Thomas Kuhn, *The Structure of Scientific Revolutions*, Chicago, 1962, p.10.
2. Thomas Bender e Carl E. Schorske (orgs.), *Budapest and New York: Studies in Metropolitan Transformation*, Nova York, 1994; Robert B. St. George (org.), *Possible Pasts: Becoming Colonial in Early America*, Ithaca, 2000.
3. Para este debate, ver Craig Calhoun (org.), *Habermas and the Public Sphere*, Cambridge, 1992. Cf. Joan Landes, *Women and the Public Sphere in the Age of the French Revolution*, Ithaca, 1988; Thomas F. Crow, *Painters and Public Life in Eighteen-Century Paris*, Princeton, 1985; Brendan Dooley e Sabrina Baron (orgs.), *The Politics of Information in Early Modern Europe*, 2001; e Patrick Boucheron e Nicolas Offenstadt (orgs.), *L'espace public au Moyen Age: débats autour de Jürgen Habermas*, Paris, 2011, que trata de um período mais longo do que o título sugere.
4. Joan Scott, "Women's History", em Peter Burke (org.), *New Perspectives on Historical Writing*, 1991, 2ª ed., Cambridge, 2001, p.43-70 e 50-1; Stuart Clark, *Thinking with Demons*, Oxford, 1997, p.143.
5. Mikhail Bakhtin, *Rabelais and his World*, 1965; trad. inglesa, Cambridge, 1968; id., *The Dialogic Imagination*, Manchester, 1981; Robert W. Scribner, *Popular Culture and Popular Movements in Reformation Germany*, 1987, Peter Burke, "Bakhtin for Historians", *Social History*, 13, 1998, p.85-90.
6. Norbert Elias e Eric Dunning, *Quest for Excitement: Sport and Leisure in the Civilising Process*, Dublin, 2008; Elias, *An Essay on Time*, Dublin, 2007; Elias e John L. Scotson, *The Established and the Outsiders*, Dublin, 2008.
7. Para historiadores britânicos, ver Peter Burke, Brian Harrison e Paul Slack (orgs.), *Civil Histories: Essays Presented to Sir Keith Thomas*, Oxford, 2000. Para críticas a Elias, ver Jeroen Duindam, *Myths of Power: Norbert Elias and the Early Modern European Court*, Amsterdã, 1995.

8. Michel Foucault, *Madness and Civilization*, 1961; trad. inglesa, 1965; *The Order of Things*, 1966; trad. inglesa, 1970; *Discipline and Punish*, 1975; trad. inglesa, 1979; *History of Sexuality*, 3 vols., 1976-84; trad. inglesa, 1984-8. Para uma avaliação, ver David C. Hoy (org.), *Foucault: A Critical Reader*, Oxford, 1986.
9. Pierre Bourdieu, *Outlines of a Theory of Practice*, 1972; trad. inglesa, 1984; sobre o autor, David Swartz, *Culture and Power, The Sociology of Pierre Bourdieu*, Chicago, 1977.
10. Trata-se de uma descrição do próprio Bourdieu, em conversa que tive com ele c.1982. Salientou-se que o termo "habitus" também foi usado por Leibniz, cuja filosofia Bourdieu estudou na Escola Normal.
11. Peter Burke e Roy Porter (orgs.), *The Social History of Language*, Cambridge, 1987.
12. Ruth Harris, *Lourdes: Body and Spirit in a Secular Age*, 1999; Victor Turner e Edith Turner, *Image and Pilgrimage in Western Culture*, Oxford, 1978.
13. Jas Elsner e Joan-Pau Rubiès (orgs.), *Voyages and Visions: Toward a Cultural History of Travel*, 1999.
14. Jas Elsner e Roger Cardinal (orgs.), *The Cultures of Collecting*, 1994.
15. Steven Shapin e Simon Schaffer, *Leviathan and the Air Pump*, Princeton, 1985.
16. Roger Chartier, *The Cultural Uses of Print in Early Modern France*, Princeton, 1987; Guglielmo Cavallo e Roger Chartier (orgs.), *A History of Reading in the West*, 1995; trad. inglesa, Cambridge, 1999; Hans-Robert Jauss, *Towards an Aesthetic of Reception*, 1974; trad. inglesa, Minneapolis, 1982; Wolfgang Iser, *The Act of Reading*, 1976; trad. inglesa, 1978.
17. Robert Darnton, "Readers Respond to Rousseau", in *Great Cat Massacre*, Nova York, 1984, p.215-56; James Raven, Helen Small e Naomi Tadmor (orgs.), *The Practice and Representation of Reading in England*, Cambridge, 1996; o ensaio de John Brewer se encontra nas p.226-45. Sobre feminilização e história social, D.R. Woolf, "A Feminine Past? Gender, Genre, and Historical Knowledge in England, 1500-1800", *American Historical Review*, 102, 1997, p.654-79; e Peter Burke, "The New History of the Enlightenment: An Essay in the Social History of Social History", in Roberta Bivins e John V. Pickstone (orgs.), *Medicine, Madness and Social History: Essays in Honour of Roy Porter*, Basingstoke, 2007, p.36-45.
18. Erich Schön, *Der Verlust der Sinnlichkeit oder Die Verwandlungen des Lesers: Mentalitätswandel um 1800*, Stuttgart, 1987.

19. Stephen Lovell, *The Russian Reading Revolution: Print Culture in the Soviet and Post-Soviet Eras*, Basingstoke, 2000; Peter Kornicki, *The Book in Japan: A Cultural History from the Beginnings to the Nineteenth Century*, Leiden, 1998; Cynthia Brokaw e KaiWing Chow (orgs.), *Print and Book Culture in Late Imperial China*, Berkeley, 2005; Joseph McDermott, *A Social History of the Chinese Book: Books and Literati Culture in Late Imperial China*, Hong Kong, 2006; Mary Elizabeth Berry, *Japan in Print: Information and Nation in the Early Modern Period*, Berkeley, 2006; Peter Burke e Joseph P. McDermott, *The Book Worlds of East Asia and Europe, 1450-1850: Connections and Comparisons*, Hong Kong, 2015.
20. Jacques Le Goff, "Dreams in the Culture and Collective Psychology of the Medieval West", 1971; trad. inglesa em *Time, Work and Culture in the Middle Ages*, Chicago, 1980, p.201-4.
21. William A. Christian, Jr., *Apparitions in Late Medieval and Renaissance Spain*, Princeton, 1981; Jean-Claude Schmitt, *Ghosts*, 1994; trad. inglesa, 1998.
22. Michael Gilsenan, citado por Peter Burke, "How to Be a Counter-Reformation Saint", in *Historical Anthropology of Early Modern Italy*, Cambridge, 1987, p.48-62, na p.53.
23. Peter Burke, *Historical Anthropology of Early Modern Italy*, Cambridge, 1987, p.17.
24. Linda Nochlin, "The Imaginary Orient", 1983, reeditado in *Politics of Vision*, Nova York, 1989, p.33-59; James Thompson, *The East Imagined, Experienced, Remembered: Orientalist 19th Century Painting*, Dublin e Liverpool, 1988; Edward Said, *Culture and Imperialism*, 1993, p.134-57.
25. Ralph P. Locke, "Constructing the Oriental 'Other': Saint-Saëns's Samson et Dalila", *Cambridge Opera Journal*, 3, 1991, p.261-303.
26. Richard Taruskin, "Entoiling the Falconet: Russian Musical Orientalism in Context", 1992, reeditado in Jonathan Bellman (org.), *The Exotic in Western Music*, Boston, 1998, p.194-217.
27. Para uma pesquisa geral, ver Kerwin L. Klein, "On the Emergence of Memory in Historical Discourse", *Representations*, 69, 2000, p.127-50; Geoffrey Cubitt, *History and Memory*, Manchester, 2007. A tradução inglesa resumida do livro de Nora tem como título *Realms of Memory*, 3 vols., Nova York, 1996-98.
28. Ver Y.H. Yerushalmi et al., *Usages de l'oubli*, Paris, 1988; Stephen Bertman, *Cultural Amnesia: America's Future and the Crisis of Memory*, Westport, 2000; Colette Wilson, *Paris and the Commune: The Politics of Forgetting*, Manchester, 2007.

29. Philipe Joutard, *La Légende des Camisards*, Paris, 1977; Inga Clendinnen, *Reading the Holocaust*, Cambridge, 1999.
30. Paul Fussell, *The Great War and Modern Memory*, Oxford, 1975, p.137, 317.
31. Ian McBride (org.), *History and Memory in Modern Ireland*, Cambridge, 2001.
32. Armando Petrucci, *La scrittura: ideologia e rappresentazione*, Turim, 1986.
33. Colin Campbell, *The Romantic Ethic and the Spirit of Modern Consumerism*, Oxford, 1987; Maxine Berg, *Luxury and Pleasure in Eighteenth-Century Britain*, Oxford, 2005; Paolo Capuzzo, *Culture del Consumo*, Bolonha, 2006; Frank Trentmann, "Three cultures of consumption", *Empire of Things*, Londres, 2016, p.21-77.
34. Ver Maria Lúcia Pallares-Burke, *The New History: Confession and Conversations*, Cambridge, 2002, p.116-19.
35. Roy Porter, "History of the Body Reconsidered", in Peter Burke (org.), *New Perspectives on Historical Writing*, 1991, 2ª ed., Cambridge, 2001, p.233-60.
36. Gilberto Freyre, *O escravo nos anúncios de jornais brasileiros do século XIX*, Recife, 1963; Jean-Pierre Aron, Pierre Dumond e Emmanuel Le Roy Ladurie, *Antropologie du conscrit français*, Holanda, 1972.
37. Jan Bremmer e Herman Roodenburg (orgs.), *The Cultural History of Gesture*, Cambridge, 1991; Herman Roodenburg, *The Eloquence of the Body: Perspectives on Gesture in the Dutch Republic*, Zwolle, 2004; Jean-Claude Schmitt, *La Raison des gestes dans l'Occident medieval*, Paris, 1990.
38. Em Pallares-Burke, *New History*, p.163.
39. William Sewell, "The Concept(s) of Culture", in Victoria Bonnell e Lynn Hunt (orgs.), *Beyond the Cultural Turn*, Berkeley, 1990, p.35-61.

5. Da representação à construção (p.98-128)

1. A observação de Chartier, originalmente feita em conferências, foi publicada em "Le Monde comme représentation", *Annales: economies, sociétés, civilisations*, 44, 1989, p.1505-20; Jan Golinski, *Making Natural Knowledge: Constructivism and the History of Science*, Cambridge, 1998; Ian Hacking, *The Social Construction of What?*, Cambridge, 1999.
2. Ver Richard Rorty, *Philosophy and the Mirror of Nature*, Oxford, 1980.

3. Jim Sharpe, "History from Below", in Peter Burke (org.), *New Perspectives on Historical Writing*, 1991, 2ª ed., Cambridge, 2001, p.25-42; Nathan Wachtel, *Vision of the Vanquished: The Conquest of Peru through Indian Eyes*, 1972; trad. inglesa, Cambridge, 1977.
4. Para introduções ao trabalho de De Certeau, ver Jeremy Aherne, *Michel de Certeau: Interpretation and its Other*, Cambridge, 1995, e Roger Chartier, *On the Edge of the Cliff*, Baltimore, 1997.
5. Michel de Certeau, Dominique Julia e Jacques Revel, *Une politique de la langue: la Révolution Française et le patois*, Paris, 1975.
6. Michel de Certeau, *The Practice of Everyday Life*, 1980; trad. inglesa, Berkeley, 1984.
7. Northrop Frye, "New Directions for Old", 1960, reeditado in *Fables of Identity*, Nova York, 1963, p.52-66.
8. Ronald Inden, "Orientalist Constructions of India", *Modern Asian Studies*, 20, 1986, p.401-46; *Imagining India*, Oxford, 1990; Nicholas Dirks, *Casts of Mind: Colonialism and the Making of Modern India*, Princeton, 2001; Adrian Southall, "The Illusion of Tribe", *Journal of African and Asian Studies*, 1970, p.28-50; e Jean-Loup Amselle, *Mestizo Logics: Anthropology of Identity in Africa and Elsewhere*, 1990; trad. inglesa, Stanford, 1998.
9. Gareth Stedman Jones, *Languages of Class*, Cambridge, 1983, p.101. Cf. David Feldman, "Class", em Peter Burke (org.), *History and Historians in the Twentieth Century*, 2002, p.201-6.
10. Anton Blok, "The Narcissism of Minor Differences", 1998, reeditado em *Honour and Violence*, Cambridge, 2001, p.115-31; Anthony P. Cohen, *The Symbolic Construction of Community*, Chichester, 1985.
11. Catherine Bell, *Ritual Theory, Ritual Practice*, Nova York, 1992.
12. Peter Burke, "On the Margins of the Public and the Private: Louis XIV at Versailles", 2001, in Agnes Horvath, Bjørn Thomassen e Harald Wydra (orgs.), *Breaking Boundaries: Varieties of Liminality*, Nova York e Oxford, 2015, p.130-7.
13. Erik Lönroth, *Den stora rollen: Kung Gustav III spelad av honom själv*, Estocolmo, 1986.
14. James S. Amelang, *The Flight of Icarus: Artisan Autobiography in Early Modern Europe*, Stanford, 1998.
15. Roy Foster, *W.B. Yeats*, Oxford, 1997, p.90, 100, 141, 345, 373, 492, 512, 515, 526-8. Cf. Richard Ellmann, *Yeats: The Man and the Masks*, 1949.
16. Rudolf M. Dekker e Lotte van der Pol, *The Tradition of Female Transvestism in Early Modern Europe*, 1989; Elaine K. Ginsberg (org.), *Passing and the Fictions of Identity*, Durham, 1996.

17. Richard M. Swiderski, *The False Formosan: George Psalmanazar and the Eighteenth-Century Experiment of Identity*, São Francisco, 1991, p.252.
18. Marshall Sahlins, *Islands of History*, Chicago, 1985 (trad. bras., *Ilhas de história*, Rio de Janeiro, Zahar, 1990); John Austin, *How to Do Things with Words*, Oxford, 1962.
19. Sobre historiadores e atos de fala, ver James Tully (org.), *Meaning and Context: Quentin Skinner and His Critics*, Cambridge, 1988, e Maria Lúcia Pallares-Burke, *The New History: Confessions and Conversations*, Cambridge, 2002, p.212-40.
20. Gilliam McIntosh, *The Force of Culture: Unionist Identities in 20th Century Ireland*, Cork, 1999, p.103-43; David M. Guss, *The Festive State: Race, Ethnicity and Nationalism as Cultural Performance*, Berkeley, 2000, p.24-59; Neil Jarman, *Material Conflicts*, Oxford, 1997, p.1-21; Rudolf Braun e David Gugerli, *Macht des Tanzes – Tanz der Mächtigen: Hoffeste und Herrschaftszeremoniell, 1550-1914*, Munique, 1993; Audrée-Isabelle Tardif, "Social Dancing in England 1660-1815", Cambridge, tese de doutorado, 2002.
21. Michael Herzfeld, *The Poetics of Manhood*, Princeton, 1985, p.51, 155.
22. James S. Scott, *Domination and the Arts of Resistance*, New Haven, 1990, p.11. O livro se concentra na discrepância entre as performances públicas e atitudes privadas ("transcrições ocultas").
23. Robert Le Page e Andrée Tabouret-Keller, *Acts of Identity*, Cambridge, 1985; James Fernandez, "The Performance of Ritual Metaphors", in David Sapir e J. Christopher Crocker (orgs.), *The Social Use of Metaphor*, Filadélfia, 1977, p.1-31.
24. Richard Krautheimer, *The Rome of Alexander VII*, Princeton, 1985, p.4-6; Christopher Heuer, "The City Rehearsed: Object, Architecture and Print in the Worlds of Hans Vredemann de Vries, Nova York, 2009.
25. Uma tentativa de uso dessa abordagem no estudo de performances populares é o livro de Peter Burke, *Popular Culture in Early Modern Europe*, 3ª ed., Farnham, 2009, p.133-62.
26. Um exemplo anterior é Robert W. Scribner, "Oral Culture and the Diffusion of Reformation Ideas", 1984, reeditado in *Popular Movements in Reformation Germany*, 1990, p.49-70. Para uma visão geral do trabalho recente na Inglaterra, ver Adam Fox e Daniel Woolf (orgs.), *The Spoken Word: Oral Culture in Britain, 1500-1850*, Manchester, 2003.
27. Thomas W. Laqueur, "Crowds, Carnival and the State in English Executions, 1604-1868", in A. Lee Beier e David Cannadine (orgs.), *The First Modern Society*, Oxford, 1989, p.305-55.

28. Peter Burke, *Historical Anthropology of Early Modern Italy*, Cambridge, 1987, p.176-7; acrescentei outros detalhes do diário.
29. Vladislav Rjéoutski, Gesine Argent e Derek Offord (orgs.), *European Francophonie*, Oxford, 2014.
30. István G. Tóth, *Literacy and Written Record in Early Modern Central Europe*, Budapeste, 2000.
31. Thomas Kaufmann, *Court, Cloister and City: The Art and Culture of Central Europe, 1450-1800*, 1995, especialmente p.57-73, 89-92.
32. Frederick W. Maitland, *The Constitucional History of England*, 1888, publicado postumamente, Cambridge, 1908, p.142.
33. Lucien Febvre, *Life in Renaissance France*, 1925; trad. inglesa, Cambridge, 1977.
34. Peter J. Marshall, *The British Discovery of Hinduism in the Eighteenth Century*, Cambridge, 1970; David N. Lorenzen, *Who Invented Hinduism?*, Nova Déli, 2006.
35. Benjamin Schwartz, "Some Polarities in Confucian Thought", in David Nivison e Arthur Wright (orgs.), *Confucianism in Action*, Chicago, 1959, p.50-62; J.C. Heesterman, "India and the Inner Conflict of Tradition", 1973, reeditado em *The Inner Conflict of Traditions*, Chicago, 1985, p.10-25.

6. Além da virada cultural? (p.129-60)

1. Peter Thornton, *The Italian Renaissance Interior*, 1991; Peter Burke, *The European Renaissance: Centres and Peripheries*, Oxford, 1998, especialmente cap.5; Marta Ajmar-Wollheim e Flora Dennis (orgs.), *At Home in Renaissance Italy*, 2006; Maya Corry, Deborah Howard e Mary Laven (orgs.), *Madonnas and Miracles: The Holy Home in Renaissance Italy*, Cambridge, 2017.
2. Mark S. Phillips e Gordon Schochet (orgs.), *Questions of Tradition*, Toronto, 2004.
3. Daryle Williams, *Culture Wars in Brazil: The First Vargas Regime, 1930-45*, Durham, 2001.
4. Bons exemplos do trabalho do grupo foram compilados em Ranajit Guha e Gayatri Chakravorty Spivak, *Selected Subaltern Studies*, Nova York, 1988. Para o debate, ver Vinayak Chaturvedi (org.), *Mapping Subaltern Studies and the Post-colonial*, 2000.

5. Shahid Amin, "Ghandi as Mahatma", in Guha e Spivak, *Studies*, p.288-348.
6. Sobre a América Latina, ver John Beverly, *Subalternity and Representation*, Durham, 1999. Cf. David Lloyd, "Irish New Histories and the 'Subalternity Effect'", *Subaltern Studies*, 9, 1996, p.261-77.
7. Joad Raymond, *The Invention of the Newspaper: English Newbooks 1641-1649*, Oxford, 1996; Alastair Bellany, *The Politics of Court Scandal in Early Modern England: News Culture and the Overbury Affair, 1603-1660*, Cambridge, 2002.
8. Olivier, Ihl, *La Fête républicaine*, Paris, 1996; Matthew Truesdell, *Spectacular Politcs: Louis Napoléon and the Fête Impériale, 1849-70*, Nova York, 1997; Lucien Bélly, *Espions et ambassadeurs au temps de Louis XIV*, Paris, 1990, especialmente parte 2, oferece uma história cultural da diplomacia em torno do ano 1700.
9. Robert Wohl, *The Generation of 1914*, Cambridge, 1979; Modris Eksteins, *Rites of Spring: The Great War and The Birth of the Modern Age*, 1989; Jay Winter, *Sites of Memory, Sites of Mourning: The Great War in European Cultural History*, Cambridge, 1998; Winter, *War Beyond Words: Languages of Remembrance from the Great War to the Present*, Cambridge, 2017.
10. Charles Coulson, "Cultural Realities and Reappraisals in English Castle Studies", *Journal of Medieval History*, 22, 1996, p.171-207; sobre espetáculos navais, ver Jan Rüger, *The Great Naval Game*, Cambridge, 2007.
11. Keith Baker, *Inventing the French Revolution*, Chicago, 1990, p.13; Bertram Wyatt Brown, *Southern Honour*, Nova York, 1982; Peter Burke, "The Virgin of the Carmine and the Revolt of Masaniello", 1983, reeditado em *Historical Anthropology of Early Modern Italy*, Cambridge, 1987, p.191-206; e, em geral, Anton Blok, "The Meaning of 'Senseless' Violence", in *Honour and Violence*, Cambridge, 2001, p.103-14.
12. Natalie Z. Davis, "The Rites of Violence", 1973; reeditado in *Society and Culture in Early Modern France*, Stanford, 1975, p.152-88; cf. Maria Lúcia Pallares-Burke, *The New History: Confession and Conversations*, Cambridge, 2002; Janine Garrisson-Estèbe, *Tocsin pour un massacre*, Paris, 1968; Emmanuel Le Roy Ladurie, *Carnival: A People's Uprising at Romans, 1579-1580*, 1979; trad. inglesa, 1980; Denis Crouzet, *Les Guerriers de Dieu*, Paris, 1990.
13. David Niremberg, *Communities of Violence: Persecution of Minorities in the Middle Ages*, Princeton, 1996.

14. Algumas semanas após ter escrito estas linhas pela primeira vez, foi lançado um número de *Annales: Histoire, Sciences Sociales* (em 2002) sobre o tema "cultura do terror", centrado na Revolução Francesa.
15. Peter Burke, "Is there a Cultural History of the Emotions?", in Penelope Gouk e Helen Hills (orgs.), *Representing Emotions*, Aldershot, 2005. Para uma coletânea de ensaios complementares, ver Gail K. Paster, Katherine Rowe e Mary Floyd-Wilson (orgs.), *Reading the Early Modern Passions: Essays in the Cultural History of Emotion*, Filadélfia, 2004.
16. Anne Vincent-Buffault, *The History of Tears*, 1986; trad. inglesa, 1991; Tom Lutz, *Crying: The Natural and Cultural History of an Emotion*, Nova York, 1999; Piroska Nagy, *Le Don des larmes au Moyen Age*, Paris, 2000; Lynn Hunt e Margaret Jacob, "The Affective Revolution in 1790s Britain", *Eighteenth-Century Studies*, 34, 2001, p.491-521.
17. Theodore Zeldin, France 1848-1945, 2 vols., Oxford, 1973-77; Peter Gay, *The Bourgeois Experience*, 5 vols., Nova York, 1984-98.
18. Hans J. Rindisbacher, *The Smell of Books: A Cultural Historical Study of Olfactory Perception in Literature*, Ann Arbor, 1992; Constance Classe, David Howes e Anthony Synnott, *Aroma: The Cultural History of Smell*, 1994; Mark Jenner, "Civilization and Deodorization? Smell in Early Modern English Culture", in Peter Burke, Brian Harrison e Paul Slack (orgs.), *Civil Histories: Essays Presented to Sir Keith Thomas*, Oxford, 2000, p.127-44; Robert Jütte, *A History of The Senses*, Cambridge, 2004; Jonathan Reinarz, *Past Scents: Historical Perspectives on Smell*, Urbana, 2014; Robert Muchembled, *La civilisation des odeurs*, Paris, 2017.
19. Peter Bailey, "Breaking the Sound Barrier: A Historian Listens to Noise", *Body and Society*, 2, 1996, p.49-66; Bruce R. Smith, *The Accoustic World of Early Modern England*, Chicago, 1999; Jean-Pierre Gutton, *Bruits et sons dans notre histoire*, Paris, 2000; Emily Cockayne, *Hubbub*, New Haven, 2007; Aimée Boutin, *City of Noise: Sound and 19th-century Paris*, Paris, 2015.
20. James Johnson, *Listening in Paris: A Cultural History*, Berkeley, 1995.
21. Stephen Harber, "Anything Goes: Mexico's 'New' Cultural History", *Hispanic American Historical Review*, 79, 1999, p.309-30. Outros artigos na mesma edição continuam o debate. Ver também Miguel A. Cabrera, *Postsocial History: An Introduction*, Lanham, 2004, embora a natureza dessa "nova história" permaneça obscura.
22. Victoria E. Bonnell e Lynn Hunt (orgs.), *Beyond the Cultural Turn*, Berkeley, 1999, p.1-32.

23. Uma tentativa de elaborar essas regras pode ser encontrada em Peter Burke, *Eyewitnessing*, 2001.
24. Philippe Buc, *The Dangers of Ritual*, Princeton, 2001.
25. Michael Kammen, "Extending the Reach of American Cultural History", 1984, reeditado in *Selvages and Biases*, Ithaca, 1987, p.11853. Cf. Thomas Bender, "Wholes and Parts: the Need for Synthesis in American History", *Journal of American History*, 73, 1986, p.120-36.
26. Frank R. Ankersmit, "Historiography and Postmodernism", *History and Theory*, 28, 1989, p.137-53; a reação de Ginzburg, em Maria Lúcia Pallares-Burke (org.), *The New History: Confessions and Conversations*, Cambridge, 2002, p.205.
27. Entre os estudos mais recentes, ver Peter Sahlins, *Boundaries: The Making of France and Spain in the Pyrenees*, Berkeley, 1989; Mary Louis Pratt, *Imperial Eyes: Travel Writing and Transculturation*, 1992; Robert Bartlett, *The Making of Europe: Conquest, Colonization and Cultural Change*, 1993, p.950-1350.
28. Peter Burke, "Civilizations and Frontiers: The Anthropology of the Early Modern Mediterranean", in John A. Marino (org.), *Early Modern History and the Social Sciences: Testing the Limits of Braudel's Mediterranean*, Kirksville, 2002, p.123-41.
29. T.F. Carter, "Islam as a Barrier to Printing", *The Moslem World* 33, 1943, p.213-16; Brinkley Messick, *The Calligraphic State: Textual Domination and History in a Muslim Society*, Berkeley, 1993; Frances Robinson, "Islam and the Impact of Print in South Asia", in Nigel Crook (org.), *The Transmission of Knowledge in South Asia*, Nova Déli, 1996, p.62-97.
30. A expressão é do historiador francês Nathan Wachtel, que a usou como título de seu importante estudo sobre o Peru colonial, *Vision of the Vanquished: The Spanish Conquest of Peru through Indian Eyes, 1530-1570*, 1971; trad. inglesa, Hassocks, 1977.
31. *James Secord, "Knowledge in Transit", Isis*, 95, 2004, p.654-72; Robert Muchembled (org.), *Cultural Exchange in Early Modern Europe*, 4 vols., Cambridge, 2006-7; Stephen Greenblatt et al., *Cultural Mobility*, Cambridge, 2010.
32. Lamin Sanneh, *Translating the Message: The Missionary Impact on Culture*, ed. revista, Maryknoll, 2009.
33. Peter Galison, *Image and Logic: A Material Culture of Microphysics*, Chicago, 1997; David Buisseret e Steven G. Reinhardt (orgs.), *Creolization in the Americas*, Arlington, 2000.

34. Lawrence Stone, "The Revival of Narrative", *Past and Present*, 85, 1979, p.3-24; Peter Burke, "History of Events and Revival of Narrative", in Peter Burke (org.), *New Perspectives on Historical Writing*, 1991, 2ª ed., Cambridge, 2001, p.283-300.
35. Alain Bezançon, *Le Tsarevich immolé*, Paris, 1967, p.78; Sarah Maza, "Stories in History: Cultural Narratives in Recent Works in European History", *American Historical Review*, 101, 1996, p.1493-515; Karen Harlttunen, "Cultural History and the Challenge of Narrativity", in Victoria Bonnell e Lynn Hunt (orgs.), *Beyond the Cultural Turn*, Berkeley, 1999, p.165-81.
36. Ronnie Hsia, *The Myth of Ritual Murder*, New Haven, 1988; Miri Rubin, *Gentile Tales*, New Haven, 1999.
37. Sobre Grégoire, ver Michel de Certeau et al., *Un politique de la langue: Révolution française et les patois: l'enquête de Grégoire*, Paris, 1975.
38. Peter Kenez, *Birth of the Propaganda State: Soviet Methods of Mass Mobilization, 1917-1929*, Cambridge, 1985.

7. História cultural no século XXI (p.161-81)

1. Além do livro que você está lendo, veja Alessandro Arcangeli, *Che cos'è la storia culturale?*, Roma, 2007; Palle O. Christiansen, *Kulturhistorie som opposition*, Copenhague, 2000; Ute Daniel, *Kompendium Kulturgeschichte*, Frankfurt, 2001; Anders Ekström, *Representation och Materialitet: introduktionen till kulturhistorien*, Lund, 2009; Francisco Falcon, *História cultural*, Rio de Janeiro, 2002; Anna Green, *Cultural History*, Basingstoke, 2007; Marjo Kaartinen e Anu Korhonen, *Historian kirjoittamisesta*, Turku, 2005; Pascal Ory, *L'histoire culturelle*, Paris, 2004; Philippe Poirrier, *Les enjeux de l'histoire culturelle*, Paris, 2004; Anaclet Pons e Justo Serna, *La historia cultural: autores, obras, lugares*, Madri, 2005.
2. James W. Cook, Lawrence B. Glickman e Michael O'Malley (orgs.), *The Cultural Turn in U.S. History*, Chicago, 2008.
3. Philippe Poirier (org.), *L'histoire culturelle: un "tournant mondiale" dans l'historiographie*, Dijon, 2008; Jörg Rogge (org.), *Cultural History in Europe*, Bielefeld, 2011.
4. Sobre estilos nacionais de história cultural, Philippe Poirrier (org.), *L'histoire culturelle*. Cf. Chris Hann (org.), *One Discipline, Four Ways: British, German, French and American Anthropology*, Chicago, 2005; Na-

than Reingold, "The Peculiarities of the Americans, or Are there National Styles in the Sciences?", *Science in Context*, 4, 1991, p.347-66.

5. Palle O. Christiansen, "Kulturhistoriens genkomst", *Historisk Tidsskrift*, 107, 2007, p.207-35.
6. David Reynolds, "International History, the Cultural Turn and the Diplomatic Twitch", *Cultural and Social History*, 3, 2006, p.75-91; Markus Mösslang e Torsten Riotte (orgs.), *The Diplomat's World: A Cultural History of Diplomacy, 1815-1914*, Oxford, 2008.
7. Robert M. Citrino, "Military Histories Old and New", *American Historical Review*, 112, p.1070-90, em 1089; Marian Füssel e Michael Sikora (orgs.), *Kulturgeschichte des Schlachts*, Paderborn, 2014.
8. Joanna Bourke (org.), *War and Art*, Londres, 2017.
9. Peter Burke, *What is the History of Knowledge?*, Cambridge, 2016.
10. Jörg Rüpke, *Zeit und Fest: Eine Kulturgeschichte des Kalendars*, Munique, 2006; Stephen Kern, *A Cultural History of Causality: Science, Murder Novels, and Systems of Thought*, Princeton, 2004; Wolfgang Behringer, *A Cultural History of Climate*, Cambridge, 2010; Markman Ellis, *The Coffee-House: A Cultural History*, Londres, 2004; Valerie Steele, *The Corset: A Cultural History*, New Haven, 2001; Benjamin A. Elman, *A Cultural History of Civil Examinations in Late Imperial China*, Berkeley, 2000; Allen Peterkin, *One Thousand Beards: A Cultural History of Facial Hair*, Nova York, 2002; Joanna Bourke, *Fear: A Cultural History*, Londres, 2005; Susan Owens, *The Ghost: A cultural history*, 2017; Angus McLaren, *Impotence: A Cultural History*, Chicago, 2007; Eluned Summers-Bremner, *Insomnia: A Cultural History*, Londres, 2007; Andy Letcher, *Shroom: A Cultural History of the Magic Mushroom*, 2006; Thomas Laqueur, *Solitary Sex: A Cultural History of Masturbation*, Nova York, 2003; Joop Leerssen, *National Thought in Europe: A Cultural History*, Amsterdã, 2006; Clare Hanson, *A Cultural History of Pregnancy: Pregnancy, Medicine and Culture, 1750-2000*, Basingstoke, 2004; Bjarne Stoklund, *Tingenes kulturhistorie*, Copenhague, 2003; Iain Gately, *Tobacco: A Cultural History of How an Exotic Plant Seduced Civilization*, Nova York, 2002.
11. Kate Transchel, *Under the Influence: Working-Class Drinking, Temperance, and Cultural Revolution in Russia, 1895-1932*, Pittsburgh, 2006; Mary K. Vaughan e Stephen E. Lewis (orgs.), *The Eagle and the Virgin: Nation and Cultural Revolution in Mexico, 1920-1940*, Durham, 2006; Thomas Habinek e Alessandro Schiesaro (orgs.), *The Roman Cultural Revolution*, Cambridge, 1997; Robin Osborne (org.), *Debating the Athenian Cultural Revolution: Art, Literature, Philosophy and Politics 430-380 b.c.*,

Cambridge, 2007; Andrew Wallace-Hadrill, *Rome's Cultural Revolution*, Cambridge, 2008.

12. Peter Burke, "The Cultural History of Intellectual Practices: An Overview", in J. Fernández Sebastián (org.), *Political Concepts and Time*, Santander, 2011, p.103-27.

13. Douglas Biow, *The Culture of Cleanliness in Renaissance Italy*, Ithaca, 2004; Peter Burke, *Languages and Communities in Early Modern Europe*, Cambridge, 2004, cap. 6.

14. Lawrence Wright, *Clean and Decent: The Fascinating History of the Bathroom and the Water Closet*, Londres, 1960; Mary Douglas, *Purity and Danger*, Londres, 1966; Georges Vigarello, *Concepts of Cleanliness*, Cambridge, 1985; trad. inglesa, Cambridge, 1988; Suellen Hoy, *Chasing Dirt: The American Pursuit of Cleanliness*, Nova York, 1995; Virginia Smith, *Clean*, Oxford, 2006; Katherine Ashenburg, *The Dirt on Clean: An Unsanitized History*, Nova York, 2007.

15. Maurice Agulhon, *Marianne into Battle: Republican Imagery and Symbolism in France, 1789-1880*, 1979; trad. inglesa, Cambridge, 1981; José Murilo de Carvalho, *A formação das almas: o imaginário da República no Brasil*, São Paulo, 1990; Enrique Florescano, *La bandera mexicana: breve historia de su formación y simbolismo*, Cidade do México, 1999; id., *Imágenes de la pátria*, Cidade do México, 2005.

16. Para uma pequena amostra desses estudos, veja Anne-Marie Thiesse, *La création des identités nationales: Europe XVIII-XX siècles*, Paris, 1999; David A. Bell, *The Cult of the Nation in France: Inventing Nationalism, 1680-1800*, Cambridge, 2001; Joep Leerssen, *National Thought in Europe: a Cultural History*, Amsterdã, 2006.

17. Françoise Waquet, *Parler comme un livre: l'oralité et le savoir, XVIe-XXe siècles*, Paris, 2003; Waquet, *L'ordre materiel du savoir*, Paris, 2015; William Clark, *Academic Charisma and the Origins of the Research University*, Chicago, 2006; Ann Blair, *Too Much to Know: Managing Scholarly Information Before the Modern Age*, New Haven, 2010; Martin Mulsow, *Die unanständige Gelehrtenrepublik*, Stuttgart, 2007.

18. Richard Drayton, *Nature's Government: Science, Imperial Britain, and the 'Improvement' of the World*, New Haven, 2000.

19. Bernard S. Cohn, *Colonialism and its forms of Knowledge: The British in India*, Princeton, Princeton University Press, 1996; Christopher Bayly, *Empire and Information: Intelligence Gathering and Social Communication in India, 1780-1870*, Cambridge, Cambridge University Press, 1997; Nicholas Dirks, *Castes of Mind: Colonialism and the Making of Modern India*, Princeton, Princeton University Press, 2001.

20. Ikuo Higashibaba, *Christianity in Early Modern Japan*, Leiden, Brill, 2001; Serge Gruzinski, *The Mestizo Mind: The Intellectual Dynamics of Colonization and Globalization*, 1999; trad. inglesa, Londres, 2002.
21. Reiko Tsukimura, "A Comparison of Yeats' At the Hawk's Well and its Noh Version", *Literature East and West*, 11, 1967, p.385-97; Richard Taylor, *The Drama of W.B. Yeats: Irish Myth and the Japanese No*, New Haven, 1976, p.111-20.
22. S. Takashina (org.), *Paris in Japan: The Japanese Encounter with European Painting*, Tóquio, 1987.
23. Frederick Schaffer, *Democracy in Translation: Understanding Politics in an Unfamiliar Culture*, Ithaca, Cornell University Press, 1998; Douglas Howland, *Translating the West*, Honolulu, University of Hawaii Press, 2001; Peter Burke e R. Po-chia Hsia (orgs.), *Cultural Translation in Early Modern Europe*, Cambridge, 2007, especialmente p.7-10.
24. David Maxwell, Joel Cabrita e Emma Wild-Wood (orgs.), *Relocating World Christianity*, Leiden, 2017.
25. George Elison, *Deus Destroyed: The Image of Christianity in Early Modern Japan*, Cambridge, 1973.
26. Lamin Sanneh, *Translating the Message: The Missionary Impact on Culture*, ed. revista, Maryknoll, 2009.
27. Tony Becher, *Academic Tribes and Territories: Intellectual Enquiry and the Cultures of Disciplines*, Milton Keynes, 1989.
28. Richard Woodfield, *Art History as Cultural History: Warburg's Projects*, Amsterdã, 2001; Hans Belting, *Bild-Anthropologie: Entwürfe für eine Bildwissenschaft*, Munique, 2001; Horst Bredekamp, "A Neglected Tradition? Art History as Bildwissenschaft", *Critical Inquiry*, 29, 2003, p.418-28.
29. Norman Bryson, Michael Ann Holly e Keith Moxey (orgs.), *Visual Culture: Images and Interpretations*, Hanôver, 1994; Richard Howells, *Visual Culture*, Cambridge, 2003.
30. Margaret Rose, *Parodie, Intertextualität, Interbildlichkeit*, Bielefeld, 2006.
31. Roger Friedland e John Mohr (orgs.), *Matters of Culture: Cultural Sociology in Practice*, Cambridge, 2004; Jeffrey C. Alexander, Bernhard Giesen e Jason L. Mast (orgs.), *Social Performance: Symbolic Action, Cultural Pragmatics and Ritual*, Cambridge, 2006; Jeffrey C. Alexander, Ronald N. Jacobs e Philip Smith (orgs.), *The Oxford Handbook of Cultural Sociology*, Oxford, 2013. Na Alemanha, Stephan Moebius é uma figura destacada em *Kultursoziologie*.
32. Robin Wagner-Pacifici, *The Art of Surrender: Decomposing Sovereignty at Conflict's End*, Chicago, 2005.

33. Peter Burke, "History and Folklore", *Folklore*, 115, 2004, p.133-9. Entre eminentes folcloristas com forte interesse em história incluem-se os dinamarqueses Bjarne Stoklund e Gustav Henningsen e o irlandês Diarmuid Ó Giolláin. Entre historiadores que levam o folclore a sério estão Ronald Hutton, David Hopkin e Guy Beiners.
34. Orvar Löfgren e Richard Wilk (orgs.), *Off the Edge: Experiments in Cultural Analysis*, Copenhague, 2005, um número especial de *Ethnologia Europea*, vol.35.
35. Thomas R. Adams e Nicolas Barker, "A New Model for the History of the Book", in N. Barker (org.), *A Potencie of Life: Books in Society*, Londres, 1993, p.5-43.
36. Richard B. Sher, *The Enlightenment and the Book*, Chicago, 2006.
37. J.B. Harley, "Maps, Knowledge and Power", in Denis Cosgrove e Stephen Daniels, *The Iconography of Landscape*, Londres, 1988; John A. Agnew e James S. Duncan (orgs.), *The Power of Place*, Boston, 1989; James Duncan e Derek Gregory (orgs.), *Writes of Passage: Reading Travel Writing*, Londres, 1999; Felix Driver, *Geography Militant: Cultures of Exploration and Empire*, Oxford, 2001.
38. David Matless, *Landscape and Englishness*, Londres, 1998.
39. Grahame Clark, *Symbols of Excellence: Precious Materials as Expressions of Status*, Londres, 1986; Ian Hodder, *Reading the Past*, Cambridge, 1986; Colin Renfrew e Ezra Zubrow (orgs.), *The Ancient Mind: Elements of Cognitive Archaeology*, Cambridge, 1994; Colin Renfrew, *Archaeology and Language: The Puzzle of Indo European Origins*, Londres, 1998; Ian Hodder (org.), *Archaeological Theory Today*, Cambridge, 2001.
40. Ian Morris, *Archaeology as Cultural History*, Londres, 2000, especialmente p.3-33, em 3; David Gaimster e Roberta Gilchrist, *The Archaeology of Reformation, 1480-1580*, Leeds, 2003, p.2.
41. Gary Taylor, *Cultural Selection*, Nova York, 1996; Agner Fog, *Cultural Selection*, Dordrecht, 1999; Garry Runciman, *The Theory of Cultural and Social Selection*, Cambridge, 2009; Marion Blute, *Darwinian Sociocultural Evolution*, Cambridge, 2010.
42. Einar Haugen, *The Ecology of Language*, Stanford, 1972.
43. Roland Barthes, *Mythologies*, 1956; trad. inglesa, Londres 1973 (trad. bras., *Mitologias*, São Paulo, Difel, 2003); Edgar Morin, *Le cinéma; ou, L'homme imaginaire, essai d'anthropologie sociologique*, Paris, 1956.
44. Peter Wade (org.), *Cultural Studies Will Be The Death of Anthropology*, Manchester, 1997.
45. Cf. John R. Hall, "Theorizing Hermeneutic Cultural History", in Friedland e Mohr, *Matters of Culture*, p.110-39.

46. E.D. Hirsch, *Cultural Literacy: What Every American Needs to Know*, Boston, 1987, v.2, p.135. Cf. Allan Bloom, *The Closing of the American Mind: How Higher Education Has Failed Democracy and Impoverished the Souls of Today's Students*, Nova York, 1987; Harold Bloom, *The Western Canon: The Books and School of the Ages*, Nova York, 1994.
47. Frits van Oostrom (org.), *Entoen.nu. De Canon van Nederland*, Haia, 2006. Para comentários em forma de história em quadrinhos, um equivalente holandês de *1066 and All That*, ver Reid, Geleijnse e Van Tol, *De Historische Canon van Fokke & Sukke*, Alphen, 2007.
48. Richard T. Ford, *Racial Culture: A critique*, Princeton, 2005.
49. Anne Phillips, *Multiculturalism without culture*, Princeton, 2007.
50. Gilberto Freyre, "Internationalizing Social Science", in H. Cantril (org.), *Tensions that Cause Wars*, Urbana, 1950, p.139-65, em p.142-3.
51. Lila Abu-Lughod, "Writing Against Culture", in R.G. Fox (org.), *Recapturing Anthropology*, Santa Fe, 1991, p.137-62; Reynolds, "International History", p.90.
52. Philippe Descola, *Beyond Nature and Culture*, Chicago, 2013.
53. Wolfgang Behringer, *A Cultural History of Climate*, Cambridge, 2009.
54. Daniel L. Smail, *On Deep History and the Brain*, Berkeley, 2008; John Onians, *Neuroarthistory*, New Haven, 2007.
55. David Christian, *Maps of Time: An Introduction to Big History*, Berkeley, 2005.
56. Timothy J. LeCain, *The Matter of History*, Cambridge, 2017.
57. Hilda Kean "Challenges for Historians Writing Animal-Human History, *Anthrozoös* 25 (suplemento), p.57-72. Disponível em: *hildakean.com/wp-content/uploads/2012/10/anthrozoos-animal-human-history.pdf.*

Conclusão (p.182-83)

1. Peter Burke, "The Repudiation of Ritual in Early Modern Europe", in *Historical Anthropology of Early Modern Europe*, Cambridge, 1987, p.223-38; "The Rise of Literal-Mindedness", *Common Knowledge* 2, 2, 1993, p.108-21.

Publicações selecionadas

Publicações selecionadas sobre história cultural, 1860-2017: uma lista cronológica

Deixe-me enfatizar que a lista seguinte, aumentada desde a primeira edição, é uma seleção pessoal. Os títulos são apresentados no idioma original, embora muitos dos títulos estrangeiros também estejam disponíveis em traduções.

1860 Burckhardt, *Kultur der Renaissance in Italien*
1889 Gothein, *Die Aufgabe der Kulturgeschichte*
1894 Troels-Lund, *Om kulturhistorie*
1897 Lamprecht, "Was ist Kulturgeschichte?"
1904 Weber, *Protestantische Ethik*
1919 Huizinga, *Herfsttij der Middeleeuwen*
1927 Beard e Beard, *Rise of American Civilization*
1932 Dawson, *Making of Europe*
1932 Warburg, *Die Erneuerung der heidnischer Antike*
1933 Freyre, *Casa-grande e senzala*
1934 Willey, *Seventeenth-Century Background*
1936 Young, *Victorian England*
1939 Elias, *Über den Prozess der Zivilisation*
1942 Febvre, *Problème de l'incroyance*
1947 Klingender, *Art and the Industrial Revolution*
1948 Castro, *España en su historia*
1948 Curtius, *Europäisches Literatur und lateinisches Mittelalter*
1948 Freyre, *Ingleses no Brasil*
1948 Giedion, *Mechanization Takes Command*
1951 Panofsky, *Gothic Architecture and Scholasticism*
1952 Keene, *The Japanese Discovery of Europe 1720-1830*
1954 Needham, *Science and Civilization in China*
1958 Buarque de Holanda, *Visões do paraíso*
1958 Nef, *Cultural Foundations of Industrial Civilization*
1958 O'Gorman, *La invención de América*

1958 Williams, *Culture and Society*
1959 Hobsbawm, *Jazz Scene*
1959 León-Portilla, *Visión de los vencidos*
1959 Smith, *European Vision and the South Pacific*
1960 Lord, *Singer of Tales*
1963 Abu-Lughod, *The Arab Rediscovery of Europe*
1963 Thompson, *Making of the English Working Class*
1965 Bakhtin, *Tvorchestvo Fransua Rable*
1965 Dodds, *Pagan and Christian in an Age of Anxiety*
1967 Braudel, *Civilisation matérielle et capitalisme*
1971 Thomas, *Religion and the Decline of Magic*
1972 Baxandall, *Painting and Experience in Fifteenth-Century Italy*
1972 Burke, *Culture and Society in Renaissance Italy*
1973-77 Zeldin, *France 1848-1945*
1973 White, *Metahistory*
1975 De Certeau, *Une Politique de la langue*
1975 Davis, *Society and Culture in Early Modern France*
1975 Foucault, *Surveiller et punir*
1975 Le Roy Ladurie, *Montaillou*
1976 Ginzburg, *Il formaggio e i vermi*
1977 Levine, *Black Culture and Black Consciousness*
1978 Burke, *Popular Culture in Early Modern Europe*
1978 Camporesi, *Il Paese della Fame*
1978 Duby, *Les Trois Ordres*
1978 Humphreys, *Anthropology and the Greeks*
1978 Said, *Orientalism*
1978 Skinner, *Foundations of Modern Political Thought*
1979 Frykman e Löfgren, *Kultiverade människan*
1979 Lyons, *Culture and Anarchy in Ireland*
1979 Schorske, *Fin-de-Siècle Vienna*
1980 Brown e Elliott, *A Palace for a King*
1980 Greenblatt, *Renaissance Self-Fashioning*
1980 Petrucci, *La scrittura*
1981 Christian, *Local Religion in Sixteenth-Century Spain*
1981 Gurevich, *Problemy srvednevekovoi narodnoi*
1981 Le Goff, *Naissance du Purgatoire*
1981 Wiener, *English Culture and the Decline of the Industrial Spirit*
1982 Corbin, *Le Miasme et la jonquille*
1982 Demos, *Entertaining Satan*

1982 Isaac, *Transformation of Virginia*
1982 Lewis, *The Muslim Discovery of Europe*
1982 Wyatt-Brown, *Southern Honor*
1983 Anderson, *Imagined Communities*
1983 Hobsbawm e Ranger (orgs.), *Invention of Tradition*
1984 Darnton, *Great Cat Massacre*
1984-98 Gay, *Bourgeois Experience*
1984 Hunt, *Politics, Culture and Class in the French Revolution*
1984-93 Nora (org.), *Lieux de mémoire*
1984 Spence, *The Memory Palace of Matteo Ricci*
1985 Jouhaud, *Mazarinades*
1985 Mintz, *Sweetness and Power*
1985 Sahlins, *Islands of History*
1985 Vigarello, *Le Propre et le sale*
1986 Hodder, *Reading the Past*
1986 McKenzie, *Bibliography and the Sociology of Texts*
1987 Bynum, *Holy Feast and Holy Fast*
1987 Campbell, *Romantic Ethic and Spirit of Consumerism*
1987 Davis, *Fiction in the Archives*
1987 Pomian, *Collectionneurs, amateurs et curieux*
1987 Schama, *Embarrassment of Riches*
1988 Briggs, *Victorian Things*
1988 Brown, *Body and Society*
1988 Chartier, *Cultural History*
1988 Greenblatt, *Shakespearian Negotiations*
1988 Guha e Spivak (orgs.), *Selected Subaltern Studies*
1988 Mitchell, *Colonizing Egypt*
1989 Fischer, *Albion's Seed*
1989 Freedberg, *Power of Images*
1989 Hunt (org.), *New Cultural History*
1989 Roche, *Culture des apparences*
1990 Crouzet, *Guerriers de Dieu*
1990 Inden, *Imagining India*
1990 Kagan, *Lucretia's Dreams*
1990 Porter, *Mind-Forg'd Manacles*
1990 Winkler, *Constraints of Desire*
1991 Bremmer e Roodenburg (orgs.), *Cultural History of Gesture*
1991 Clendinnen, *Aztecs*
1991 Clunas, *Superfluous Things*

1991 Passerini, *Mussolini imaginario*
1991 Thomas, *Entangled Objects*
1992 Alberro, *Les Espagnols dans le Mexique colonial*
1992 Burke, *Fabrication of Louis XIV*
1992 Lisón-Tolosana, *La imagen del rey*
1992 Schindler, *Widerspenstige Leute*
1992 Walkowitz, *City of Dreadful Delight*
1993 Bartlett, *Making of Europe*
1993 Biagioli, *Galileo Courtier*
1993 Brewer e Porter (orgs.), *Consumption and the World of Goods*
1993 Blackbourne, *Marpingen: Apparitions of the Virgin Mary in Bismarckian Germany*
1993 Shoshan, *Popular Culture in Medieval Cairo*
1994 Corbin, *Les Cloches de la terre*
1994 Lotman, *Besedy o russkoj kul'ture*
1994 Schmitt, *Histoire des revenants*
1994 Shapin, *Social History of Truth*
1994 Smith, *Business of Alchemy*
1994 Stearns e Stearns, *American Cool*
1995 Petrucci, *Scritture ultime*
1995 Wortman, *Scenarios of Power*
1996 Bayly, *Empire and Information*
1996 Fujitani, *Splendid Monarchy*
1997 Bremmer e Roodenburg (orgs.), *Cultural History of Humour*
1997 Brewer, *Pleasures of the Imagination*
1997 Dekker, *Lachen in de Gouden Eeuw*
1998 Brook, *The Confusions of Pleasure*
1998 Inglis, *Sacred Places*
1998 Johns, *The Nature of the Book*
1998 Kornicki, *The Book in Japan*
1998 Schwarcz, *As barbas do imperador*
1999 Clendinnen, *Reading the Holocaust*
1999 Gruzinski, *La Pensée métisse*
1999 Hoy, *Chasing Dirt*
1999 Hunt e Bonnell (orgs.), *Beyond the Cultural Turn*
1999 Rubin, *Gentile Tales*
1999 Scott, *Seeing like a State*
1999 Thiesse, *La Création des identités nationales*
2000 Behringer, *Kulturgeschichte des Klimas*

2000 Burke, *Social History of Knowledge*
2000 Drayton, *Nature's Government*
2000 Elman, *A Cultural History of Examinations*
2000 Groebner, *Gefährliche Geschenke*
2000 Nagy, *Le Don des larmes au Moyen Age*
2000 Martin, *Naissance du livre moderne*
2000 St. George (org.), *Possible Pasts*
2000 Secord, *Victorian Sensation*
2001 Bouza, *Corre Manuscrito*
2001 Craveri, *La civiltà della conversazione*
2001 Dirks, *Castes of Mind*
2001 Higashibaba, *Christianity in Early Modern Japan*
2001 Reddy, *Navigation of Feeling*
2002 Lloyd, *Ambitions of Curiosity*
2003 Clark (org.), *Culture Wars*
2004 Gruzinski, *Les Quatre Parties du monde*
2004 Ikegami, *Bonds of Civility*
2004 Koerner, *Reformation of the Image*
2004 Peterson, *Creative Writing*
2004 Roodenburg, *The Eloquence of the Body*
2005 Bourke, *Fear*
2005 Chartier, *Inscrire et effacer*
2005 Lilti, *Le Monde des salons*
2005 Metcalf, *Go-betweens and the Colonization of Brazil*
2006 Berry, *Japan in Print*
2006 Biow, *The Culture of Cleanliness in Renaissance Italy*
2006 Capuzzo, *Culture del Consumo*
2006 Clark, *Academic Charisma*
2006 Füssel, *Gelehrtenkultur al's symbolische Praxis*
2006 Pollock, *The Language of the Gods in the World of Men*
2007 Clark, *Vanities of the Eye: Vision in Early Modern European Culture*
2007 Clunas, *Empire of Great Brightness*
2007 Muchembled (org.), *Cultural Exchange in Early Modern Europe*
2007 Mulsow, *Die unanständige Gelehrtenrepublik*
2007 Rüger, *The Great Naval Game*
2007 Kalof e Resi, *Cultural History of Animals*
2007 Kelly, *Children's World: Growing Up in Russia*
2008 Cook, Glickman e O'Malley, *The Cultural Turn in US History*
2008 Gilman, *Obesity*

2008 Halttunen, *Companion to American Cultural History*
2008 Mösslang e Riotte, *The Diplomat's World*
2008 Ory, *L'invention du bronzage*
2008 Waquet, *Enfants de Socrate*
2010 Foyster e Marten, *Cultural History of Childhood*
2010 Peakman, *Cultural History of Sexuality*
2010 Rublack, *Dressing Up*
2011 Greenblatt, *The Swerve*
2011 Österberg, *Tystnader och Tider*
2012 Assmann, *Cultural Memory*
2012 Bredekamp, *Leibniz und die Revolution der Gartenkunst*
2012 Parasecoli e Scholliers, *Cultural History of Food*
2013 Boucheron, *Conjurer la peur*
2013 Leslie e Hunt, *Cultural History of Gardens*
2013 Kalof, *Cultural History of Women*
2014 Classen, *Cultural History of the Senses*
2014 Füssel e Sikora, *Kulturgeschichte des Schlachts*
2014 Kalof e Bynum, *Cultural History of the Human Body*
2014 Lilti, *Figures Publiques*
2015 Clements, *A Cultural History of Translation in Early Modern Japan*
2015 Jütte, *The Strait Gate*
2015 Poirrier, *La grande guerre*
2015 Waquet, *Ordre matériel du savoir*
2016 Vincent, *A Cultural History of Dress and Fashion*
2016 Poirier, *Histoire de la culture scientifique en France*
2016 Trentmann, *Empire of Things*
2017 Balme e Davis, *A Cultural History of Theatre*
2017 González García, *Eyes of Justice*
2017 Winter, *War Beyond Words*

Leituras complementares

Sobre os conceitos de cultura e de história da história cultural, compare Raymond Williams, *Culture and Society*, 1958, com Peter Burke, *Varieties of Cultural History*, 1997, e Adam Kuper, *Culture: the Anthropologist's Account*, 1999.

Sobre tópicos específicos discutidos ao longo deste livro, os exemplos citados no texto e as notas devem ser considerados sugestões para leituras complementares.

Os 25 títulos que se seguem constituem uma pequena seleção dos melhores trabalhos publicados desde 1980, que variam amplamente quanto a espaço, tempo e tema.

Keith Baker, *Inventing the French Revolution*, Cambridge, 1990. Coletânea de destacados ensaios no estilo da NHC.

Robert Bartlett, *The Making of Europe: Conquest, Colonization and Cultural Change, 950-1350*, 1993. Estudo original e ambicioso sobre as consequências culturais da expansão das fronteiras europeias.

Hans Belting, *Likeness and Presence: A History of the Image Before the Era of Art*, 1990; trad. inglesa, Chicago, 1994. Um historiador da arte faz a história da noção de arte.

Mary Elizabeth Berry, *Japan in Print: Information and Nation in the Early Modern Period*, Berkeley, 2006. Sobre o encorajamento de uma consciência nacional pela multiplicação de livros de referência impressos.

Patrick Boucheron, *The Power of Images*, Cambridge, 2018. Uma reinterpretação vividamente escrita e original dos famosos afrescos do Bom e do Mau Governo na prefeitura de Siena, substituindo as pinturas de Ambrogio em seus contextos políticos, sociais e culturais.

John Brewer, *The Pleasures of Imagination: English Culture in the Eighteenth Century*, Londres, 1997. Perspicaz história social da cultura inglesa nos primórdios da comercialização da cultura.

Peter Brown, *The Body and Society: Men, Women and Sexual Renunciation in Early Christianity*, 1988. Estudo muito original feito por um dos mais notáveis estudiosos sobre o final da Antiguidade.

Roger Chartier, *Cultural History between Practices and Representations*, Cambridge, 1988. Oito ensaios sobre a constituição da França moderna que pretendem ilustrar os principais problemas da história cultural.

Rebekah Clements, *A Cultural History of Translation in Early Modern Japan*, Cambridge, 2015. Um estudo exemplar da tradução entre culturas e entre línguas.

Craig Clunas, *Empire of Great Brightness: Visual and Material Cultures of Ming China, 1368-1644*, Londres, 2007. Uma contribuição original e fundamentada para a história da cultura visual.

Alain Corbin, *The Foul and the Fragrant: Odor and the French Social Imagination*, 1982; trad. inglesa, Leamington Spa, 1986. Estudo que colocou o cheiro no mapa da história.

Thomas Crow, *Painters and Public Life in Eighteenth-Century Paris*, Princeton, 1985. História política da pintura, usando Habermas e a ideia de esfera pública.

Carlo Ginzburg, *Myths, Emblems, Clues*, 1986; trad. inglesa, 1990. Coletânea de ensaios que incluem o famoso texto sobre a evidência histórica como uma série de pistas (trad. bras., *Mitos, emblemas, sinais*, São Paulo, Companhia das Letras, 1989).

Carol Cluck, *Japan's Modern Myths: Ideology in the Late Meiji Period*, Princeton, 1985. Estudo exemplar sobre as consequências culturais da ocidentalização e da modernização.

Serge Gruzinski, *Conquest of Mexico: The Incorporation of Indian Societies into the Western World*, 1988; trad. inglesa, Cambridge, 1993. Um bom estudo sobre encontros culturais e imaginação social.

Eiko Ikegami, *Bonds of Civility: Aesthetic Networks and the Political Origins of Japanese Culture*, Cambridge, 2005. Estudo especialmente notável, relacionando a formação das sociedades poéticas ao surgimento da esfera pública no Japão.

Kenneth S. Inglis, *Sacred Places: War Memorials in the Australian Landscape*, Melbourne, 1998. Leitura extraordinária dos monumentos com uma evocação da cultura da Primeira Guerra Mundial.

Daniel Jütte, *The Strait Gate: Thresholds and Power in Western History*, New Haven, 2015. Valendo-se de ideias do folclore e da antropologia, bem como da pesquisa histórica, o autor oferece "um estudo de portas, portões e chaves e uma história das esperanças e ansiedades que a cultura ocidental associou a eles".

Gábor Klaniczay, *The Uses of Supernatural Power*, Cambridge, 1990. Dez ensaios sobre a história da Europa Central, variando de santos a xamãs e das barbas ao riso.

Joseph Lee Koerner, *The Reformation of the Image*, Londres, 2004. Estudo acurado do século XVI na Alemanha, construído em torno do paradoxo de uma arte protestante que usa imagens para afirmar que o que elas mostram é invisível.

Antoine Lilti, *The Invention of Celebrity, 1750-1850*, Cambridge, 2017. Mostra que o culto da celebridade é mais antigo do que se poderia esperar, discutindo atitudes em relação a Rousseau, Byron e outros em seu próprio tempo.

Derek Peterson, *Creative Writing: Translation, Bookkeeping, and the Work of Imagination in Colonial Kenya*, Londres, 2004. Estudo acurado do encontro entre missionários ocidentais e o Gikuyu, e uma análise dos vários usos da escrita.

Ulinka Rublack, *Dressing Up: Cultural Identity in Renaissance Europe*, Oxford, 2010. Concentra-se na Alemanha e integra a história das roupas numa história social e cultural mais ampla.

Steven Shapin, *A Social History of Truth: Civility and Science in Seventeenth Century England*, Chicago, 1994. Combinação convincente de abordagem cultural e social da história da ciência.

Jay Winter, *Sites of Memory, Sites of Mourning: The Great War in European Cultural History*, Cambridge, 1995. Mostra como a experiência da guerra pode ser integrada à história da cultura.

Agradecimentos

Há tantos anos venho dando aulas sobre história cultural que é difícil lembrar quem fez os comentários que me ajudaram, ou quem formulou perguntas instigantes, mas sei que aprendi muito com as conversas e os escritos de vários dos historiadores discutidos neste livro, entre eles Keith Thomas, em Oxford; Daniel Roche, Roger Chartier e Denis Crouzet, em Paris; Natalie Davis e Robert Darnton, em Princeton; e um círculo de historiadores holandeses que inclui Anton Blok, Jan Bremmer, Rudolf Dekker, Florike Egmond e Herman Roodenburg. Sobre a história da memória em particular, aprendi muito com Aleida e Jan Assmann e Jay Winter. As discussões com Patrik Chabal, quando ele escrevia seu livro sobre a abordagem cultural da política, *Culture Troubles*, me ajudaram a definir minhas próprias ideias e a conhecer melhor uma disciplina correlata. Aproveitei igualmente os comentários feitos por leitores anônimos do texto original e da penúltima versão do livro. Também devo agradecer a meu amigo e colega James Duncan pelos comentários a respeito do capítulo "História cultural no século XXI".

Tenho uma dívida especial com minha mulher, outra historiadora da cultura, Maria Lúcia Pallares-Burke. Encontrei-a pela primeira vez quando me convidou para falar sobre "a chamada nova história" na Universidade de São Paulo. Discutimos história cultural inúmeras vezes, especialmente quando estava organizando seu livro de entrevistas *The New History: Confessions and Conversations*. Ela também leu o manuscrito e, como sempre, deu sugestões indispensáveis para melhorá-lo. Este livro é para ela.

Ao revisar o texto para uma terceira edição, gostaria de agradecer a David Maxwell, meu colega Emmanuel, por me guiar através da virada cultural nos estudos religiosos em geral e no cristianismo mundial em particular.

Índice remissivo

África, 47, 50, 64, 93, 99, 104, 106, 109, 126, 153, 154
Agulhon, Maurice, 164
alimento, 27, 65-6, 89-90, 95
Amin, Shahid, historiador indiano, 135
Amselle, Jean-Loup, antropólogo francês, 126
Anderson, Benedict (1936-2015), cientista político britânico, 83, 108, 164
Annales, escola de historiadores, 11
Antal, Frederick (1887-1954), historiador da arte húngaro, 25-6
antropologia, 8, 12, 42-3, 46, 48, 51, 53-55, 57-59, 61, 67, 96, 136, 140, 162, 165, 169-70, 172-3, 175, 180
apropriação (empréstimo cultural), 46, 102, 174
Arnold, Matthew (1822-1888), poeta e crítico inglês, 13, 45
arqueologia (para Foucault, o estudo de tendências profundas), 173
arte, história da, 22-3, 59, 70, 103, 169, 175
Austin, John (1911-1960), filósofo inglês, 118
autocontrole (*Selbstzwang*), 72

Baker, Keith M. (n.1938), historiador norte-americano, 133, 137
Bakhtin, Mikhail M. (1895-1975), teórico cultural russo, 56, 59-71, 95, 111, 138
Barthes, Roland, 175
Bartlett, Frederic C. (1887-1969), psicólogo inglês, 87
Baxandall, Michael (1933-2008), historiador da arte inglês, 57, 141
Beard, Charles A. (1874-1948), historiador norte-americano, 22, 24
Beard, Mary Ritter (1876-1958), historiadora norte-americana, 24
Berger, John (n.1926-2017), crítico de arte inglês, 25-6
Biagioli, Mario, historiador da ciência norte-americano, 57
Bloch, Ernst (1885-1977), filósofo alemão, 34
Bloch, Marc (1886-1944), historiador francês, 11, 96, 133
Blok, Anton, antropólogo holandês, 72, 137
Blunt, Anthony (1907-1983), historiador da arte britânico, 25-6
Boas, Franz, 172
Bourdieu, Pierre (1930-2002), antropólogo/sociólogo francês, 69, 75, 95, 107, 111, 120
Braudel, Fernand (1902-1985), historiador francês, 11, 59, 149, 151
Brewer, John (n.1947), historiador inglês, 81
Briggs, Asa (n.1921-1916), historiador inglês, 89
Brown, Peter (n.1935), historiador irlandês, 84, 95
Burckhardt, Jacob (1818-1897), historiador suíço, 9, 14-6, 19, 30-1, 33-4, 36, 40, 44, 49, 56, 105, 130, 133-4, 158
Bynum, Caroline W., historiadora norte-americana, 65-6, 68, 95

Cassirer, Ernst (1874-1945), filósofo alemão, 20, 22
casta, 107

Certeau, Michel de (1925-1986), teórico da cultura francês, 78, 80, 100-3, 128, 154
Chartier, Roger (n.1945), historiador francês, 38, 40, 44, 52, 72, 77, 81, 98, 144, 147, 172
China, 79, 82, 107, 153, 158, 163
ciência, história da, 80, 98, 163, 170
civilização, 8, 11, 15, 21, 25, 72-3
Clunas, Craig, historiador da arte britânico, 79-80
construtivismo (ideia de "construção cultural" da sociedade), 98-9, 109, 114, 145-6
conteúdo, análise de (método quantitativo para o estudo de textos), 32-3
Corbin, Alain, historiador francês, 11, 142-3
corpo, história do, 93, 95, 136, 163
cotidiano, 41, 49, 52, 78, 90, 102
Crouzet, Denis (n.1953), historiador francês, 137-8
cultura, poética da, 49, 56
ver também culturais, regras
culturais, encontros, 16, 76
culturais, estudos, 8, 29, 42, 44, 131, 169-70, 174, 176
culturais, formas, 61
culturais, fronteiras, 149, 151
culturais, narrativas (histórias características de determinadas culturas), 156
culturais, práticas, 40, 165
culturais, regras, 16, 76
culturais, revoluções, 158
cultural, campo, 75
cultural, capital, 76
cultural, construção, 73, 97-8, 103-4, 127, 144, 170
cultural, geografia, 43, 162, 172
cultural, memória, 86
cultural, repertório, 138, 157
cultural, reprodução (transmissão de tradições), 75, 128
cultural, tradução, 153, 167
cultural, virada (ou guinada), 8, 42-3, 89, 129, 133, 146-7, 162, 168, 170, 179, 183
Curtius, Ernst-Robert (1886-1956), historiador da literatura alemão, 20, 37-8, 96

Darnton, Robert (n.1939), historiador norte-americano, 51-2, 81, 96, 147, 149
Davis, Natalie Z. (n.1929), historiadora norte-americana, 47-8, 53-4, 96, 115, 137-8, 148
Dawson, Christopher (1889-1970), historiador inglês, 23
densa, descrição (descrição mais interpretação), 49, 54
Derrida, Jacques (1930-2004), filósofo francês, 69, 77-8, 135
disciplina, 74
ver também autocontrole discursivo, práticas discursivas, 74
distinção, 34, 63, 65, 75-7, 92, 107, 111, 134, 150-1
Dodds, Eric R. (1893-1979), classicista irlandês, 141
Douglas, Mary (1921-2007), antropóloga inglesa, 47, 65, 111, 137, 164
dramatúrgica, abordagem cultural, 50
ver também performance Driver, Felix, 172
Duby, Georges (1919-1996), historiador francês, 40, 64, 83-4
Duncan, Jim, 172

Ebrey, Patricia, historiadora norte-americana, 107-8
Edelman, Murray (1919-2001), cientista político norte-americano, 133
Elias, Norbert (1897-1990), sociólogo alemão, 18, 25, 69, 71, 77, 89, 95, 125, 139, 142
Eliot, Thomas S. (1888-1965), crítico e poeta anglo-americano, 41
Elliott, John H. (n.1930), historiador inglês, 43-5

emocionologia (o estudo das emoções), 139
enredo (a organização de uma narrativa), 86, 105, 116, 156, 158, 160
episteme (categorias fundamentais), 73
esquema, 19, 20, 33, 64, 76, 87, 96, 105, 121, 135, 154, 160, 169
estratégia, 76, 102, 119, 140, 154
ethos (sistema de valor), 18
Evans-Pritchard, Edward E. (1902-1973), antropólogo britânico, 46-7, 153

Febvre, Lucien (1878-1956), historiador francês, 11, 125, 143
femininas, culturas, feminismo, 39, 58
Fernández-Armesto, Felipe, historiador britânico, 116
figuração (na relação entre grupos sociais), 72
Fischer, David, H. (n.1935), historiador norte-americano, 61
fórmula, 19, 20, 35, 98, 116, 121
ver também esquema
Foster, Roy (n.1949), historiador irlandês, 117
Foucault, Michel (1926-1984), filósofo francês, 56, 69, 72-5, 77-8, 82, 84, 91-2, 95, 100, 102-4, 112, 122, 134-5, 141, 172-3
Freedberg, David, historiador da arte, 103
Freyre, Gilberto (1900-1987), sociólogo e historiador brasileiro, 93, 141, 178
Frye, Northrop (1912-1981), crítico canadense, 105
Fujitani, Takashi, historiador japonês, 112
fundadores e seguidores, 38, 128

Gadamer, Hans-Georg (1900-2002), filósofo alemão, 20
Gay, Peter (1927-2015), historiador norte-americano, 10, 139
Geertz, Clifford (1926-2006), antropólogo norte-americano, 46, 49-54, 57-8, 67, 88, 96, 111, 146-9, 170
Geistesgeschichte (história do espírito, mente ou cultura), 14
gênero, 33, 39, 58, 65, 78, 82, 95, 100, 105-6, 112, 116, 119, 124, 145, 152, 169, 171, 175
Giedion, Sigfried (1888-1968), arquiteto suíço, 96
Ginzburg, Carlo (n.1939), historiador italiano, 54, 59-60, 62, 73, 81, 132, 148
Goffman, Erving (1922-1982), sociólogo norte-americano, 52-3, 58, 111, 113, 124
Gombrich, Ernst (1909-2002), historiador da arte austríaco, 20, 33, 36
Goody, Jack (1919-2015), antropólogo britânico, 65
Gramsci, Antonio (1891-1937), teórico italiano, 35, 61, 134
Greenblatt, Stephen (n.1943), historiador da literatura norte-americano, 49, 54, 56, 84, 116
Guha, Ranajit (n.1923), historiador indiano, 134
Gurevich, Aaron Y. (1924-2006), historiador russo, 46

Habermas, Jürgen (n.1929), filósofo alemão, 68-9, 92
habitus (princípio de improvisação regulada), 21, 72, 76, 95, 103, 120, 169
Hall, Stuart (1932-2014), teórico da cultura britânico, 29, 38, 174
Harris, Ruth, historiadora inglesa, 78
Hauser, Arnold (1892-1978), historiador da arte húngaro, 25-6, 33
hermenêutica (arte da interpretação), 15, 20, 52

heteroglossia (diferentes vozes em um texto), 71
History Workshop, 28
Hobsbawm, Eric (1917-2012), historiador britânico, 27, 108-10, 127, 164
Huizinga, Johan (1879-1945), historiador holandês, 10-1, 14-8, 30-1, 33-4, 36, 44, 55, 66, 96, 139, 141, 158
Hunt, Lynn, historiadora norte-americana, 54, 67, 84, 134, 146, 156
Huntington, Samuel P., (1927-2008), cientista político norte-americano, 8, 43

identidade, 8, 76, 87, 90, 95, 98, 110, 115, 117, 120, 126, 133, 148, 157, 163-4, 169, 177
imaginação, imaginado, 11, 83, 90, 100, 104, 108-9, 142, 172
invenção, 13, 73, 102-4, 110, 112, 126-9, 164
Isaac, Rhys (1937-2010), historiador sul-africano, 53

Japão, 37, 82, 104, 110-2, 153, 166-7
Johnson, James, historiador norte-americano, 143
Jones, Gareth Stedman (n.1942), historiador britânico, 106
Jouhaud, Christian (n.1951), historiador francês, 119
Joutard, Philippe, historiador francês, 87

Kantorowicz, Ernst (1895-1963), historiador alemão, 22
Kelly, Joan (1928-1982), historiadora norte-americana, 64
Kiberd, Declan, escritor irlandês, 127
Klingender, Francis (1907-1955), historiador da arte inglês, 25-6
Kuhn, Thomas S. (1922-1996), historiador da ciência norte-americano, 67, 73-4, 80, 157

Lamprecht, Karl (1865-1915), historiador alemão, 9
Laqueur, Thomas W., historiador norte-americano, 84, 122
Le Goff, Jacques (1924-2014), historiador francês, 11, 28, 48, 83, 94, 96
Le Roy Ladurie, Emmanuel (n.1929), historiador francês, 11, 48, 54, 60, 93, 148
Leavis, Frank R. (1895-1978), crítico inglês, 14, 26
leitura, história da, 60, 80-2, 103, 130
León-Portilla, Miguel, historiador mexicano, 152
Levi, Giovanni (1939-2009), historiador italiano, 59
Lévi-Strauss, Claude (1908-2009), antropólogo francês, 46, 48-9, 63, 76, 128, 135
linguagem, 13, 44, 47, 61, 69, 70, 76, 78, 90, 99-101, 106-7, 111, 120, 124, 140, 145, 146, 158, 164, 173-4, 180, 182
Löfgren, Orvar (n.1943), antropólogo sueco, 91
Lord, Albert B., eslavista norte-americano, 120-1
Lotman, Juri M. (1922-1983), semiólogo russo, 48-49, 70
loucura, história da, 105-6
Lyons, F.S. Leland (1923-83), historiador irlandês, 45, 133

Malinowski, Bronislaw (1884-1942), antropólogo polonês, 41, 57
Mannheim, Karl (1893-1947), sociólogo húngaro, 25-6
marxismo, 8, 36
masculinidade, 58, 107, 119
material, cultura, 11, 60, 89, 90, 92, 96, 154, 165, 173
Mauss, Marcel (1872-1950), antropólogo francês, 46, 57
Mazzini, Giuseppe, 165
McKenzie, Donald F., bibliógrafo neozelandês, 90

Medick, Hans (n.1939), historiador alemão, 54, 59, 62
memória, 20, 44, 51, 86-8, 119, 145, 164, 175
mentalidades, história das, 11, 131
Merleau-Ponty, Maurice (1908-1961), filósofo francês, 95
micro-história, 58-62, 148
Mintz, Sidney W. (1922-2015), 90
Mitchell, Timothy (n.1955), 77-8
mito, 48, 11-2, 125-6, 156-7
Morin, Edgar, 175
música, 12, 16, 27, 41, 69, 71, 76, 85-6, 93, 103, 143, 155
narrativas, 115, 149, 155-9

Needham, Joseph (1900-1995), historiador da ciência, 23, 26
Nora, Pierre, historiador francês, 86
novo historicismo, 56
ver também Greenblatt

O'Gorman, Edmundo (1906-1995), historiador mexicano, 126
ocasiões, 61, 113, 118, 121-4
ocidentalismo, 64
olhar, 41, 48, 57, 64, 74, 78, 84, 112, 129, 141, 143, 170
oralidade, 121
orientalismo, 63, 86

Panofsky, Erwin (1892-1968), historiador da arte alemão, 20-2, 25, 34, 76, 122
Parry, Milman (1900-1935), classicista americano, 121
Pascal, Roy (1904-1980), historiador de literatura britânico, 26
performance, 12, 53, 114, 118, 119, 120-3, 138, 170
ver também dramatúrgica, abordagem cultural
política, 7-9, 15-6, 27-8, 30-1, 35, 40, 43, 49, 74, 92, 101, 108, 110, 112, 114-5, 118-9, 124, 131-9, 144, 146, 158, 160-1, 177, 179, 182-3
Popper, Karl (1902-1994), filósofo austríaco, 19-20, 99
popular, cultura, 12-3, 27-9, 34, 36, 38-41, 54, 61, 70, 95, 130-2, 171
Porter, Roy (1946-2002), historiador inglês, 65, 104
pós-colonialismo, 63
Prins, Gwyn, historiador britânico, 154

Ranke, Leopold von (1795-1886), historiador alemão, 15, 105
recepção, 38, 52, 81, 103, 109-10, 119, 127, 131-2, 135, 144, 146, 167-8
Reddy, William, historiador norte-americano, 140
reencenação, 159
representações, 9, 77, 82-5, 98, 114, 162, 172-3
Revel, Jacques (n.1942), historiador francês, 38
ritual, ritualização, 17, 48, 51, 109, 112-3, 118, 123, 147, 157, 183
Roche, Daniel (n.1935), historiador francês, 54, 91, 115, 147
Rogers, Renée, 177

Sahlins, Marshall D. (n.1930), antropólogo norte-americano, 118, 157
Said, Edward (1935-2003), crítico palestino-americano, 63, 74, 84-5
Samuel, Raphael (1934-1996), historiador inglês, 28
Sauer, Carl (1879-1975), 172
Schama, Simon (n.1945), historiador inglês, 110-1, 142
Schorske, Carl E. (1915-2015), historiador norte-americano, 10, 68, 131-2
Scott, James C. (n.1936), cientista político norte-americano, 120
Scott, Joan W., historiadora norte-americana, 69

Scribner, R.W. ("Bob") (1941-1998), historiador australiano, 70
sentidos, história dos, 141, 180
serial, história, 31
simbólico, capital (traços culturais que dão status), 76
símbolos, 9, 16, 20, 22, 54, 164, 173, 183
Skinner, Quentin (n.1940), historiador inglês, 118-9
Smith, Bernard (1916-2011), historiador da arte norte-americano, 57
social, história, 12-3, 24, 26, 34, 58-9, 68, 90, 98, 130, 134, 136, 144-7, 155, 178, 182
sonhos, 44, 83, 141, 145
subalternas, classes, 62-3, 136
suplemento, 69

táticas, 81, 102, 119, 154
Thomas, Keith V. (n.1933), historiador britânico, 44, 47-8, 84, 96
Thompson, Edward P. (1924-1993), historiador inglês, 27, 34-5, 53, 97, 99, 106, 134-5, 176
Tindall, William, crítico norte-americano, 20, 116
topoi (lugares-comuns), 20
ver também esquema
Toynbee, Arnold J. (1889-1975), historiador inglês, 23
tradições, 7, 10, 22, 36, 38, 61, 95, 109-10, 127, 135, 161-2, 164, 167, 175, 178
tribo, 106, 126, 169, 175
Troels-Lund, Troels Frederik (1840-1921), historiador dinamarquês, 55
Turner, Victor (1920-1983), antropólogo inglês, 50, 52, 65, 78, 137
Tylor, Edward B. (1832-1917), antropólogo inglês, 13, 41, 49, 55

viagens, história das, 84
violência, 48, 51, 103, 132, 136-8, 157, 177
viradas (guinadas):
antropológica, 46, 56;
cultural, 8, 42-3, 89, 129, 133, 146-7, 162, 167-8, 170, 179, 183;
performativa, 140

Walkowitz, Judith R., historiadora norte-americana, 157
Warburg, Aby (1866-1929), acadêmico alemão, 19-20, 21-2, 37-8, 44, 57, 96, 169, 175
White, Hayden (1928-2018), metahistoriador norte-americano, 104-5, 126, 160
Williams, Raymond (1921-88), crítico britânico, 26, 28, 35, 174-6
Wilson, Harold, 161
Winkler, John L., classicista norte-americano, 39
Wortman, Richard, historiador norte-americano, 111-2

Yates, Frances (1899-1981), historiador inglês, 23-4
Yeats, W.B., 117, 167
Young, George Malcolm (1882-1959), historiador inglês, 14, 23

1ª EDIÇÃO [2005] 2 reimpressões
2ª EDIÇÃO [2008] 6 reimpressões
3ª EDIÇÃO [2021] 1 reimpressão

ESTA OBRA FOI COMPOSTA POR ANASTHA MACHADO EM DANTE PRO E IMPRESSA EM OFSETE PELA GRÁFICA BARTIRA SOBRE PAPEL PÓLEN NATURAL DA SUZANO S.A. PARA A EDITORA SCHWARCZ EM JANEIRO DE 2023

FSC
www.fsc.org
MISTO
Papel produzido a partir de fontes responsáveis
FSC® C105484

A marca FSC® é a garantia de que a madeira utilizada na fabricação do papel deste livro provém de florestas que foram gerenciadas de maneira ambientalmente correta, socialmente justa e economicamente viável, além de outras fontes de origem controlada.